LA VILLA DE JIMÉNEZ, PUEBLO CHIHUAHUENSE, PUEBLO MEXICANO

Guillermo Cervantes

La villa de Jiménez, pueblo chihuahuense, pueblo mexicano.

Primera edición, 2009

© Guillermo Cervantes
© Borderland Studies Publishing House

DERECHOS RESERVADOS.
Prohibida la reproducción total o parcial por cualquier medio sin autorización escrita del autor.

Borderland Studies Publishing House
310 S Grama St 2
El Paso, Texas. 79905

ISBN: *978-0-9824768-4-0*

Printed in the USA

Contenido

Introducción xii
Frontera norte de la Nueva España. 19
    La ruta hacia el norte 20
    Los nómadas 22
    Presidios 25
Situación en la Nueva Vizcaya. 31
    Yacimientos de metales preciosos 31
    Modificaciones al sistema de presidios 33
    La compañía volante 35
Desarrollo demográfico 42
    Los primeros habitantes y sus vecinos 42
        Las ocupaciones *47*
        Acerca de la edad de sus habitantes 52
    Siglo XIX 55
Salud y sanidad 68
    Las epidemias 68
    La cuestión de los cementerios 73
    Medidas higiénicas 75
Educación 84
    Un nuevo proyecto de nación 84
    Enseñanza de primeras letras 87
    Bosquejo de la escuela de la Villa de Jiménez en 1846 93
    Los indígenas: Lorenzo Vélez 99
    ¿Conchos o tarahumaras? 100
    Desarrollo del sistema educativo 108
Los jimenenses y las guerras 118
    El periodo colonial 119

Las guerras indias 126
   Los bárbaros y los vecinos *130*
   Las expediciones punitivas..*133*
La guerra con los Estados Unidos 139
   El antecedente texano...*139*
   La invasión..*140*
   Las tropas estadounidenses en Jiménez *144*
   Semblanza de las fuerzas jimenenses......................................*150*
De la Reforma a la restauración de la República.......................153
   Los tulices *157*
   Los franceses..*159*
De tierras y aguas..164
   Las posesiones urbanas..164
      La muralla *166*
   Bosquejo de una casa - habitación..171
   El campo 175
   El agua 176
El orden público 181
   Bandos de policía y buen gobierno...182
   La paz y el orden 186
   Joyitas 187
Festividades y tiempo libre..192
   Fiestas solemnes 193
   Fiestas súbitas 194
   Los toros 196
   El juego y las apuestas...197
   La casa de sociedad 199
   El gobierno conservador...202
   Las fiestas patrias...205

Fiestas patronales y otras festividades religiosas 206
Antesala del siglo XX 210
Desarrollo porfiriano 211
Ciudad Jiménez..214
Consideraciones finales 220
La villa de Jiménez, pueblo chihuahuense, pueblo mexicano....220
Referencias: 233

A los habitantes de Ciudad Jiménez,
a los descendientes de las personas
mencionadas en esta obra,
a los Luján.

Introducción

El presidio de Santa María de las Caldas fue uno de los muchos establecidos durante la Colonia a lo largo del Camino Real. Lentamente, los soldados asignados al puesto fueron trayendo consigo a sus familias, y bajo el amparo que significaba la cercanía de hombres de armas al servicio de la ley, se fueron estableciendo pequeños asentamientos alrededor del fortín. Con el paso del tiempo, el antiguo presidio se convirtió en un pueblo, después en una ciudad. Hoy conocida como Ciudad Jiménez, en honor del prócer mexicano que luchara junto a Miguel Hidalgo en la batalla del Cerro da las Cruces: Mariano Jiménez.

Es de mi particular interés el sumergirme en el pasado para comprender a profundidad las repercusiones que hechos históricos produjeron en la vida social, económica y política dentro de un contexto limitado y establecido por la población anteriormente mencionada. Deseo examinar con un microscopio la vida de sus pobladores, descubrir sus preocupaciones y sus diversiones, sus medios de sustento y sus festividades; en fin, los acontecimientos que fueron dando forma a ese asentamiento.

La investigación que se realizó principalmente en el Archivo Histórico Municipal de Ciudad Jiménez, Chihuahua, pretende llenar un hueco en la historia regional del estado de Chihuahua; especialmente en relación con el siglo XIX, desaventajado (mas no del todo olvidado) ante los siglos XVIII y XIX; que atención recibieran por formar parte del periodo colonial (y durante el cual se alcanzó un desarrollo económico formidable) el uno, y por servir como cuna a la Revolución Mexicana el otro.

"La villa de Jiménez: pueblo chihuahuense, pueblo mexicano" se presenta como un estudio de caso que pretende de manera exploratoria y descriptiva recorrer algunas de las transformaciones experimentadas en el citado asentamiento durante el siglo XIX -sin alejarnos del contexto estatal y nacional- y al mismo tiempo ilustrar pasajes de la vida diaria de sus habitantes. Para satisfacer lo anterior, la presente obra se ha distribuido de manera siguiente: para empezar, se establece un panorama general la Nueva Vizcaya durante el siglo XVIII y se trata superficialmente el tema de los presidios, su origen y sus funciones; a manera de punto de partida, con la intención de ilustrar los orígenes del presidio de Santa María de las Caldas en cuanto a asentamiento humano; razón por la cual no se ahonda en el tema, ni se tratan presidios ubicados en otras épocas u otras latitudes.

      A continuación, se seleccionaron una serie de temas que permiten observar el desarrollo social del asentamiento, dentro de lo particular; y al mismo tiempo sirven como botón de muestra, de manera general, para sugerir la situación posible de cualquier poblado, no únicamente chihuahuense, localizado dentro de los estados que ocupan el norte de la República Mexicana a lo largo del periodo en cuestión. Con tal finalidad se analizó el desarrollo demográfico, comparado con asentamientos aledaños. Los temas de educación y salud fueron escogidos porque van estrechamente ligados con el desarrollo de la calidad y expectativa de vida e ilustran detalladamente algunas de las dificultades que enfrentó la joven república en cuanto a cuestiones sanitarias y educativas. El apartado relativo a celebraciones y tiempo libre fue escogido no únicamente con la finalidad de ilustrar la forma en que mexicanos del siglo XIX encontraban esparcimiento, sino que también permite observar cómo se rompe con el pasado colonial y se adopta un presente republicano, en el que los 'muertos de antes ceden su lugar a los muertos de ahora' como parte del proceso de construcción de identidad nacional. Las relaciones que se desprenden del uso y abuso de los medios de producción principales en un pueblo agrícola se relata en el capítulo titulado 'De tierras y aguas', haciendo énfasis en los modos encontrados por agricultores independientes y hacendados para compartir y distribuir el líquido que determinaba su subsistencia. En el capítulo 'Los jimenenses y las guerras' se detalla la participación que jugaron los habitantes del citado asentamiento en los conflictos armados que de manera directa afectaron la región sobre la que se edificaban sus domicilios; entre los que destacamos, sin limitarnos a ellos, la guerra contra los indios, la invasión norteamericana, las guerras de reforma y la intervención francesa. Por último, hacemos una serie de observaciones a manera de conclusión en la antesala del siglo XX.

Cabe recordar que la presente obra gira en torno la villa de Jiménez durante el siglo XIX. No está de más aclarar que los temas expuestos en el párrafo anterior son tratados primordialmente de acuerdo a la relación e interacción que guardan con los jimenenses y con el contexto de estos últimos dentro de la historia chihuahuense y nacional; tratando de evitar convertir el texto en un breviario que sitúe a la historia general mexicana por encima del impacto local. Por lo anterior, procuramos no redundar sobre temas cuya literatura existente es abundante, como sería el caso de los presidios, las guerras (indias, con EU, con Francia, etc.), la educación, etc. por mencionar algunos; ya que cada uno de estos temas ha sido estudiado de manera individual y cuenta con numerosas obras que de forma exclusiva y centrada le describen. El siglo XIX envuelve un periodo inquieto en la vida de la nación hoy conocida como México, y engloba una serie de acontecimientos que contribuyeron para forjar un sentimiento de identidad nacional, para sentar las bases del estado mexicano e incluso para definir sus límites y fronteras. El siglo XIX significa independencia, guerras intestinas, invasiones y pérdida de territorios, separación del clero y del estado, imperios importados, restauración de la república, dictaduras, en fin. Con base en lo anterior, es de mi interés ahondar en el significado que tuvieron para la comunidad de esta pequeña población los hechos y sucesos distintivos del siglo XIX, para descubrir como se vio afectado el ciudadano común en su vida diaria por las consecuencias de decisiones tomadas en ciudades lejanas por personas que le resultaban ajenas. En otras palabras, quiero ver como el prisma local descompone la luz de aquellos sucesos con origen más allá de sus límites geográficos para otorgarle una gama de colores particular, propia y única; además del verde, blanco y rojo.

Debo agradecer a las autoridades municipales de Ciudad Jiménez todo el apoyo brindado durante los meses que he pasado junto a ellos, especialmente al señor Alejandro Carrejo Candia. El señor Carrejo ha ocupado el cargo de cronista de la ciudad durante los últimos años, dando muestras de un celo y un cariño ejemplar. Hace cerca de dos años y medio, cuando el presente escrito era apenas un proyecto, realicé una visita al Archivo Histórico Municipal de Ciudad Jiménez; la administración en turno había entregado un edificio recién remodelado y acondicionado para albergar los centenarios documentos. La alegría, producto de la aliñada fachada y el olor a pintura nueva, se tornó en desconcierto cuando en el interior del edificio percibí una pila de cajas inmensa, en medio de una gran sala de paredes desnudas y muebles escasos. Tuve la impresión de estar en el lugar errado, pero mis sospechas fueron confirmadas cuando me aseguraron que la pila de cajas que se encontraba frente a mi contenía los manuscritos que yo ansiaba. También tuve la certeza, y un optimismo egoísta, de que nadie había puesto mano sobre esos documentos en años. Sin embargo el panorama ante mí no era tan acogedor, si alguna vez los archivos municipales estuvieron debidamente ordenados y clasificados ahora ya no lo estaban.

Durante años, cajas de cartón que originalmente fueron fabricadas para transportar frutas y otros comestibles sirvieron como resguardo de documentos históricos dentro de bodegas del municipio, sin que nadie se ocupase de ellos, víctimas de pillajes, de roedores y de los elementos. Sin etiquetas o marcas distintivas que permitieran identificar su contenido, la situación de los archivos era caótica: cada bulto equivalía a una caja de sorpresas en cuyo interior podrían encontrarse documentos pertenecientes a tiempos alejados entre sí tal vez por días, meses, años o siglos. El señor Carrejo se entregó a la tarea de organizar el contenido de las cajas en las instalaciones otorgadas ex profeso por la administración política municipal. Yo volví un año más tarde, y el panorama se presentaba con mejores colores. Si bien la labor de clasificación no había concluido los avances eran sorprendentes, la gran mayoría de las cajas habían sido vaciadas y sus contenidos ahora se encontraban separados en bultos y paquetes, distribuidos cronológicamente sobre estantes de metal. Tristemente el archivo había sido víctima de pillajes, su sección colonial se encontraba especialmente enmagrecida. De igual modo, la documentación correspondiente a la década de 1860 había sido severamente trasquilada, la cantidad de manuscritos pertenecientes a estos años es muy escasa, especialmente si se contrastaba con la cantidad de textos correspondientes a las décadas de 1850 y 1870. La mundialmente famosa y seguida década de la revolución mexicana también había sido objeto de la rapacidad, lo menciono aun cuando esa época trasciende los límites temporales de este estudio. El señor Alejandro Carrejo, en su papel de guardián, me permitió amablemente acceder a los documentos bajo su custodia; de forma excepcional ya que el proceso de clasificación aun no había concluido, con la condición de no intervenir ni alterar dicho proceso. De ese modo, el siglo XIX (y parte del XVIII) se presentaron ante mí a manera de bultos, atados con cordel y con un rectángulo de cartulina, que a manera de portada exhibía el año al que se atribuida la creación del documento. Algunos años contaban con un mayor número de bultos que otros; y como los bultos fueron conformándose a medida de que el contenido de las cajas de frutas era sustraído, no existía aun una clasificación temática dentro de la cronológica. Por lo anterior, las referencias a documentos históricos que se encuentran dentro de la presente obra nos remiten a cajas y bultos numerados, ya que en ese momento tal era la única clasificación existente. Por respetar el contenido de los paquetes y para señalar el bulto que de manera física contiene el documento objeto de referencia, sucederá también que el lector encuentre alguna fuente que apunte a algún año que no corresponda con el año tratado dentro del pasaje en el texto; en tales casos solicito paciencia al lector y le ofrezco la seguridad de que el documento en cuestión efectivamente se encuentra (o se encontraba, dependiendo del estado actual del AHMJ) dentro del bulto al que se le remite, aun y cuando las fechas discrepen.

Solo me resta desear al amable lector un viaje placentero a través de este recorrido por el pasado.

GC

Frontera norte de la Nueva España.
¿Qué son los presidios? ¿Para qué un presidio?

Al caer Tenochtitlán y establecerse en su lugar la Ciudad de México, esta habría de tornarse en una especie de epicentro a partir del cual emanarían expediciones de aventureros hacia distintas partes de América. Algunos arrastrados por el deseo de encontrar una fortuna negada en la vieja Europa, otros movidos por la voluntad de extender el evangelio sobre tierras incógnitas. Lentamente, mediante sus descubrimientos y bajo la bandera española, grupos de exploradores comenzarían a trazar y dar forma en los planisferios de la época a inmensas extensiones territoriales hasta cerrar el contorno del Virreinato de la Nueva España.

Como el sentido común nos invita a suponer, el grueso de los habitantes precolombinos de las tierras mencionadas se concentraba en aquellas regiones cuya exuberante riqueza natural facilitaba la obtención de sustento. Al paso de los años los territorios más fértiles se convertirían en los más poblados, sirviendo como cuna a sociedades con un grado de civilización sumamente sofisticado. Los súbditos de la corona española, por motivos similares, habrían de escoger y reclamar para establecer sus domicilios dichos lugares. Siguiendo el patrón anterior no habría de pasar mucho tiempo antes de que el grueso de los inmigrantes europeos se hubiese establecido en territorios originalmente ocupados por las más grandes civilizaciones nativas.

La ruta hacia el norte

A pesar de abarcar el territorio colonial más extenso y poblado conocido por el Imperio Español, la Nueva España concentraba a la gran mayoría de sus habitantes dentro y en los alrededores de su capital: la Ciudad de México.

Los recién llegados al virreinato se establecían principalmente en los confines de Mesoamérica, y las nuevas expediciones tendían a dirigirse con mayor frecuencia hacia el sur: Las Hibueras en Centroamérica. El norte de la Nueva España lentamente fue relegado.

Las expediciones exploratorias con dirección hacia el norte no tardaron en caer en la cuenta de lo arriesgado de su aventura: ha medida que se escalaba en longitud el contorno del continente se tornaba cada vez más ancho, y por lo mismo se requería una mayor cantidad de tiempo y esfuerzo para efectuar la travesía. Simultáneamente, la geografía cubierta paulatinamente perdía humedad, la orografía era más accidentada, las fuentes de agua y alimento cada vez más escasas. El paisaje dejaba atrás una generosa riqueza natural para ceder paso al desierto: Aridoamérica. Por lo anterior, una vez que los exploradores trazaron el contorno de la región septentrional en los mapas y reclamaron para su soberano el área comprendida entre sus bordes; los nuevos colonizadores rara vez escogían como destino aquellas inhóspitas tierras: al parecer eran mayores los riesgos que los prospectos de beneficio.

¿Qué podría, en el norte, despertar la atención del virreinato cuando los mismos naturales de esas tierras habían procurado establecerse en ambientes más benignos? Los escasos indígenas (escasos en proporción con las concentraciones humanas propias de Mesoamérica) que habían encontrado un hogar en aquella región despreciada diferían significativamente de los nativos de la zona hoy localizada al centro y sur de la República Mexicana. Los primeros eran hostiles nómadas, cazadores-recolectores, con un lenguaje poco elaborado, ignorantes de la escritura y organizados en clanes de corte patriarcal; mientras que los segundos se encontraban en una etapa de civilización por lo menos varios siglos más avanzada: contaban con ciudades y jerarquías político-sociales muy elaboradas; eran expertos agricultores que habían desarrollado sistemas de irrigación y fertilización; hábiles comerciantes cuyas rutas podían comunicar diferentes reinos; poseedores de ricos lenguajes -de complicadas gramáticas- que les dotaban de literatura y poesía propias; fecundos artistas gráficos y hábiles artesanos; estudiosos prolíficos de los números y los astros.

Sin embargo, al norte de la Ciudad de México se encontraron ricos yacimientos minerales, que si bien fueron soslayados por los nativos -quienes otorgaban a los metales un papel menos que secundario- no pasaron desapercibidos ante la mirada europea. Los metales preciosos eran profundamente apreciados en la vieja Europa, al punto que la riqueza en la época se evaluaba de acuerdo a la concentración que de dichos metales pudiera hacer alarde un monarca y un reino.

Para un buscador de fortunas venido del viejo mundo, el norte abrió una ventana de oportunidades: descubrir y denunciar exitosamente el hallazgo de una beta de oro o plata significaba la diferencia entre morir en el anonimato o retornar a la madre patria para pasar los últimos días rodeado por lujos y opulencia. La posibilidad de encontrar riqueza súbita prevaleció sobre el riesgo de morir a manos de hostiles tribus o bajo las inclemencias del tiempo y se erigió como factor de atracción para aquellos dispuestos a afrontar el reto.

El descubrimiento de yacimientos al norte de la capital virreinal trajo consigo la aparición de diversas poblaciones tierra adentro. Algunas de ellas desaparecieron al agotarse la efímera promesa presentada por una beta escasa, algunas otras evolucionarían hasta convertirse en centros de importante actividad económica, con épocas de bonanza fluctuantes que permanecen hasta nuestros días: surgen Guanajuato, San Luis Potosí, Zacatecas, Durango, San José del Parral y San Felipe – hoy ciudad Chihuahua.

No obstante, la travesía al norte presentaba el mismo panorama: en proporción directa, mientras más se adentrara el viajero en dirección boreal las distancias cada vez serian más largas –fruto de una población cada vez más escasa y dispersa en un territorio cada vez más amplio y extenso,- el clima se tornaba cada vez más árido y extremoso, los indígenas mas huraños, hostiles y primitivos. Las contadas poblaciones que se establecieron en el norte de la Nueva España obedecían a la existencia ya fuera de un mineral ya fuera de un fértil valle, ambos difíciles de encontrar en estas latitudes. En el primer caso, y si la abundancia lo auspiciaba, el poblado se erigía en torno a un Real de Minas; en el segundo caso la población tendría como origen una Misión o una Hacienda. Tres de las cuatro figuras más importantes en el proceso de colonización del norte.

Los nómadas

Además de lo agreste del terreno, de la escasez de fuentes de productos y servicios -y de su consecuente carestía al tener que viajar grandes distancias para procurar enseres básicos; los asentamientos europeos en la región enfrentaban una amenaza mucho más grave: las tribus oriundas de dichas regiones eran muy agresivas y se resistían a compartir sus cotos centenarios con nuevos vecinos.

Poblados enteros fueron borrados de la faz de la tierra ante el ímpetu del ataque apache y comanche; quienes no dudaban en hostilizar al europeo y a sus aliados para procurarse sustento o para ahuyentar al invasor. No transcurrió mucho tiempo antes de que los 'bárbaros' –mote con el que eran conocidos entre la población española- aprendieran que resultaba más redituable saquear rancherías, robar ganado o asaltar caravanas con víveres que rastrear y perseguir piezas de caza o deambular por el desierto en busca de alimento, especialmente durante temporadas de sequia o en invierno (Orozco 1992: 250).

Los asentamientos del norte enfrentaban una amenaza doble: podrían sucumbir a manos de los indómitos indígenas durante un ataque a su poblado o bien podrían enfrentar hambruna y carencias al esperar en vano una caravana con provisiones que no habría de llegar. Si las autoridades virreinales consideraban asunto de importancia que el norte de estos territorios ultramarinos fuese poblado –ya fuera para aprovechar en su beneficio el usufructo de yacimientos de mineral o bien para desalentar la incursión y establecimiento de otras potencias europeas en territorio español- se enfrentaban con la necesidad de ofrecer protección a los súbditos que habitaban el norte así como a los viajeros que transitaban por las vías terrestres, salvaguardando así el flujo de personas, bienes y servicios.

Ofrecer protección a los asentamientos septentrionales no era una tarea fácil por diversos factores; primero, la mayoría de dichos asentamientos estaban escasamente poblados y el establecimiento de tropas permanentes podría tornarse en un elefante blanco (en el remoto caso de contar con tropas y medios para su manutención suficientes); segundo, las poblaciones se encontraban muy dispersas y la larga travesía se erigía como un obstáculo en sí misma; tercero y más importante: la naturaleza del enemigo.

Los indígenas mesoamericanos fueron doblegados con relativa facilidad y futuras rebeliones fueron rápidamente sometidas al tratarse de sociedades sedentarias cuyos domicilios y áreas de interacción se encontraban situadas en puntos geográficos específicos y reconocibles, bastaba dirigir regimientos militares poderosos y de una vez por todas escarmentar y disuadir, a través de la fuerza, a un indígena atado al terruño.

Resultaba prácticamente imposible dirigir una ofensiva militar contra el indígena del norte; la mayoría de las veces que se intentó, las expediciones punitivas regresaban con la moral por los suelos después de varios días de deambular por el paisaje infructuosamente. Era como perseguir a un fantasma: en la naturaleza nómada de una sociedad cazadora-recolectora, organizada en pequeños clanes de corte patriarcal, residía su arma más poderosa. Los indígenas en el norte seguían un sistema de guerrillas: organizaban partidas de guerreros aptos; dejaban a ancianos, mujeres y niños bajo resguardo a cientos de kilómetros de distancia; y bajo el amparo de la noche o después de que alguna tormenta causara estragos sobre las vías de comunicación, atacaban alguna ranchería o caravana comercial. Para cuando los vecinos recibían pedidos de auxilio, organizaban la defensa y lograban llegar al lugar en conflicto era demasiado tarde: el ataque relámpago había cesado y los atacantes se encontraban a kilómetros de distancia. ¿Cómo localizar a un puñado de hombres en un radio de miles de kilómetros cuadrados?

Presidios

Ante la imposibilidad de tomar una iniciativa ofensiva que de una vez por todas enseñe una lección al indígena no asimilado las autoridades optan por un método defensivo-preventivo. Siglos de campanas militares en Europa demostraron el valor estratégico de edificios fortificados. Castillos brindaban protección a ciudades y poblados en los alrededores frente a huestes hostiles. Si bien el poderío militar de los indígenas americanos no podía compararse con aquel de un ejército europeo, el principio de recurrir a fortificaciones en locaciones estratégicas parecía el método defensivo más viable. Sin la necesidad de prepararse contra ataques de enemigos sofisticados con baterías de artillería o armas de fuego, las autoridades militares coloniales optaron por recurrir al uso de una especie de fortín -ya obsoleto en Europa gracias a los avances de la tecnología militar- que había demostrado su eficacia en las campañas registradas contra los moros en el norte del continente africano (Moorhead 2004: 4).

Parecidos a castillos en miniatura, con murallas y torres, los fortines en cuestión fueron situados en puntos considerados como estratégicos en su momento; por lo regular localizados en posiciones a cierta distancia entre las vías de comunicación y los asentamientos humanos, a diferencia de la usanza tradicional que situaba a dichos regimientos en las inmediaciones de los poblados. Recibieron el nombre de 'presidios,' nombre otorgado casi exclusivamente a este tipo de construcciones localizadas en el continente americano, ya que en Europa no se les conocía con dicho nombre. Era el presidio una posición militar de tamaños variables, de acuerdo a su localización e importancia; que albergaba a una guarnición de soldados con sus familias; en su interior podía encontrarse un establo, un almacén general, barracas y una capilla, en sus afueras contaba con tierras de cultivo. Su finalidad original fue la de patrullar los caminos principales (Powell 1952: 141).

Los primeros presidios fueron establecidos a lo largo de la década de 1570, surcando el camino que unía a la Ciudad de México con Zacatecas, por el virrey Martin Enríquez (Powell 1952: 142-143). Nuevos presidios habrían de surgir, reubicarse o desaparecer durante los dos siglos próximos; conforme continuaba el avance hacia el norte, hasta aparecer en las provincias de Texas y Nuevo México. La finalidad continuaría siendo la misma: salvaguardar la seguridad de los caminos y ofrecer protección a los asentamientos humanos, principalmente a los reales de minas y a las misiones.

La guarnición del presidio contaba con cierta instrucción y disciplina militar, aunque en la mayoría de los casos no se trataba de militares de carrera, salvo por el oficial a cargo, si no de civiles que se enrolaban por contrato tras responder a previa convocatoria. Equipados con lanzas, armaduras, armas de fuego y caballos; las guarniciones presidiales podían hacer frente exitosamente a partidas de indígenas que les superaban en número. Aunque la falta de coordinación entre los diferentes presidios evitó que se pudieran llevar a cabo campañas y ofensivas definitivas.

Después de dos siglos de luchar contra las rebeliones indígenas en la frontera norte, el gobierno virreinal pudo de manera imperfecta pacificar –aunque no someter- dichos territorios. Mediante treguas, ofreciendo protección militar y ayuda material, otorgando amnistía, creando alianzas y negociando con las numerosas tribus que rondaban por la región pudo alcanzarse una paz transitoria (la llamada "Paz ofensiva (Orozco 1992) (Moorhead 2004: 181) llevada a cabo en su mayor parte por los presidios) capaz de atraer a la vida sedentaria a mas de 2000 apaches para finales del siglo XVIII.

Podemos afirmar, que la implantación del sistema de presidios a lo largo de los territorios norteños cumplió con su cometido de disuadir ataques por parte de los indígenas –si bien no eliminó la amenaza por completo si pudo reducirla considerablemente- y brindó cierta seguridad a los viajeros. Mas importante aun, el sistema de presidios permitió el avance de la colonización hacia el norte, no sólo permitiendo el crecimiento de poblaciones y asegurando la permanencia de algunas misiones, sino como magneto de nuevos colonizadores: no fueron raros los casos en que nuevos colonos elegían establecerse en las inmediaciones de un presidio, aprovechando la tranquilidad y seguridad que otorgaba el tener como vecinos a hombres de armas; y al mismo tiempo servía como agencia de asimilación hacia comunidades indígenas (Moorhead 2004: 176). De esta forma el presidio se convierte, junto con la misión y el real de minas, en una de las instituciones más importantes en la conquista y colonización de las tierras fronterizas al norte de la Nueva España.

Frontera norte de la Nueva España | *29*

Situación en la Nueva Vizcaya.

Como se mencionó en el apartado anterior, el descubrimiento de yacimientos de metales preciosos fue el motor principal de la colonización del norte de la Nueva España. La ciudad de Zacatecas fue oficialmente fundada en 1548 y se convirtió en un trampolín en la carrera hacia el norte (Martin 1996: 18). En 1560, Francisco de Ibarra deja Zacatecas y establece el Reino de la Nueva Vizcaya, cuya capital se estableció en la ciudad de Durango; poco tiempo después se establecería Santa Bárbara y el Valle de San Bartolomé. Estos asentamientos a su vez servirían de base para futuras expediciones: en 1598, Juan de Oñate parte de Santa Bárbara hacia el norte para establecer una colonia española a un millar de kilómetros de distancia, en Nuevo México (Hackett 1923: 37). A finales del siglo XVI y a principios del siglo XVII misioneros franciscanos y jesuitas se dan a la labor de evangelizar y 'civilizar' a los indígenas nativos congregándolos en torno a misiones, pero con frecuencia encontraban una fuerte oposición y sus logros eran temporales, ya que a lo largo del siglo XVII encontramos numerosos casos de rebelión (Moorhead 2004: 12-19) (Cramaussel 1990: 54-56) (Porras Muñoz 1980, 19: 141-62).

Yacimientos de metales preciosos

A menos de treinta kilómetros al noroeste de Santa Bárbara se descubrieron ricos yacimientos de plata en 1631. Ese mismo año se denunciaron y registraron alrededor de cuatrocientas vetas. En menos de cuatro años el mineral de Parral contaba ya con una población que superaba los cinco mil habitantes, convirtiéndose en la capital de facto de la Nueva Vizcaya, ya que sus gobernadores, casi invariablemente, seleccionarían tan pujante asentamiento para establecer sus residencias e incrementar sus fortunas. Consecuentemente, el aumento demográfico trajo consigo una gran demanda de productos agrícolas que habría de ser satisfecha por los hacendados del Valle de San Bartolomé quienes también participaron de la bonanza de la época (Porras Muñoz 1980: 38-39, 68).

El crecimiento económico y demográfico de Parral aceleró la labor de misioneros en la región que un día sería el sur del estado mexicano de Chihuahua. Para 1648 los jesuitas contaban con ocho misiones tarahumaras y los franciscanos hacían lo propio con tarahumaras, conchos y tobosos. La búsqueda de plata continúo: en 1702 se establecieron minas en el área que se denominó Santa Eulalia de Mérida y para 1709 el asentamiento con el nombre de San Francisco de Cuellar ya contaba con una pequeña iglesia de adobes –ambas poblaciones en el lugar que un día ocuparía la ciudad de Chihuahua (Martin 1996: 22). La riqueza de sus yacimientos impulsó un crecimiento incomparable, mismo superior al experimentado en Parral décadas atrás. Para 1718, el pueblo de San Francisco de Cuellar fue elevado a la categoría de villa, recibiendo el nombre de San Felipe del Real de Chihuahua y en pocos años se convirtió en el centro principal de minería, comercio y administración colonial en la frontera norte de la nueva España, al punto que muchos gobernadores de la Nueva Vizcaya decidieron establecer sus domicilios en dicha ciudad (Jones 1988: 119, 139, 253).

Un camino de más de mil kilómetros unía a la ciudad de Durango con Santa Fe; sin embargo, tan vasto territorio se encontraba prácticamente despoblado y bien transcurrían días antes de que el peregrino tuviera contacto con alguna población durante el trayecto. Brindar protección durante una travesía tan larga no era cosa fácil, sin embargo era una empresa vital para la supervivencia de centenares de personas.

Ente 1680 y 1682, los originalmente dóciles Pueblos indígenas de Nuevo México se revelarían contra misioneros y colonos, asesinando a un gran número de personas; asistidos y acuciados por tribus apaches. Centenares de habitantes buscarían refugio al sur, en El Paso del Norte. Lo que pudo parecer como una rebelión aislada pronto se convirtió en un levantamiento masivo que se extendió a otras misiones a lo largo de la frontera norte de la Nueva España. Las autoridades virreinales respondieron creando varios presidios en puntos estratégicos. Después de casi quince años de batallas la provincia de Nuevo México es recuperada en 1693, y se establece en Santa Fe una fortaleza inusualmente poderosa para la época dotada de 100 soldados (Hackett 1923-37: II, 21).

Modificaciones al sistema de presidios

A principios del siglo XVIII - como respuesta a la rebelión masiva de tribus indígenas que tuviera como detonante la revuelta de los indios Pueblo- el gobierno de la Nueva Vizcaya contaba con seis presidios y una Compañía Volante. Las fuerzas de los presidios del Pasaje, el Gallo, Mapimí, Cerrogordo, Conchos y Janos; añadidas a las de la Compañía Volante - repartida entre Durango y San Bartolomé. San Bartolomé habría de constituirse como cuartel independiente en un futuro- sumaban apenas doscientos setenta y siete hombres (Moorhead 2004: 22). Sin embargo, alentado por la paz conseguida, el gobierno virreinal decide recortar gastos y suprimir presidios 'innecesarios' en tiempos de paz durante los próximos años.

A mediados del siglo XVIII la precaria paz disfrutada en la provincia llego a su fin. Desde el valle del rio Gila y desde el Bolsón de Mapimí, la Nueva Vizcaya fue víctima de incursiones apaches. En los catorce años comprendidos entre 1748 y 1766, Nicolás de Lafora estima que merodeadores apaches asesinaron a más de ochocientas personas y causaron daños materiales que ascendían a cuatro millones de pesos[1]. Haciendas misiones y minas fueron abandonados, los caminos se estimaron inseguros. El gobierno virreinal, confiado durante casi medio siglo de precaria paz y con la intención de hacer economías en el presupuesto; había recortado paulatinamente el gasto destinado al sostenimiento de las tropas presidiales. Tropas pobremente equipadas, con frecuencia victimas de extorsión, abusos y despojos por parte de sus oficiales; ofrecían una posibilidad mediocre de protección ante esta nueva y formidable amenaza. Una investigación realizada a los presidios de la Nueva Vizcaya reveló la situación deplorable de las tropas y además concluyó que únicamente dos de ellos (Janos y el Pasaje) eran capaces de ofrecer protección efectiva en los sitios donde se encontraban localizados. El resto de los presidios fue suprimido por la Real Junta de Guerra contra los apaches, y en su lugar se ordenó la creación de una única compañía volante. Para contener el avance de los apaches provenientes de Texas, se creó además un nuevo presidio: de El Norte, donde hoy se localiza la ciudad de Ojinaga, Chihuahua. De este modo, la tranquilidad de los habitantes de la provincia de la Nueva Vizcaya descansaba sobre los hombros de cuatro compañías, cuyas fuerzas combinadas se componían de un total de ciento cincuenta y dos soldados: El Pasaje, en el sur; Janos, en el noroeste; el del Norte,[2] en el noreste; y la nueva Compañía Volante, con sus cuarteles en Huejuquilla –hoy

---

[1] Nicolás de Lafora, Dictamen, Chihuahua, 2 de junio de 1766. Archivo General de Indias (AGI), audiencia de Guadalajara (Guad) legajo 511.
[2] También conocido como Presidio de la Junta de los Ríos, por ubicarse en la confluencia del rio Conchos con el rio Bravo.

conocida como Ciudad Jiménez, Chihuahua (Moorhead 2004: 22-36).

La compañía volante

En 1751, el 22 de marzo, se determina en Real Junta de Guerra y Hacienda erigir una compañía volante *"para el resguarde de pasajes y caminos y demás terreno que debe cubrir[i]."* Don Bernardo Antonio de Bustamante y Tagle, oriundo de Santander, España; es electo capitán de la nueva compañía volante por la Real Junta de Guerra y recibe instrucciones directamente del Virrey, Conde de Revillagigedo para reclutar el personal que habrá de tener a su cargo la seguridad de la zona. En octubre de ese mismo año, Bustamante, se dispone a reclutar en San Miguel de Cerrogordo (hoy Villa Hidalgo, Durango) a sesenta soldados, dos sargentos y un alférez[ii]. El quince de mayo del año siguiente, en correspondencia dirigida a los capitanes de los presidios que serian suprimidos (San Francisco de Conchos, San Bartolomé, Santiago de Mapimí y San Miguel de Cerrogordo), Bustamante solicita la remisión de sus tropas para completar la formación de la nueva compañía, verificando al mismo tiempo la extinción de los anteriormente mencionados[iii].

De una manera inusual para la época, el lugar que habrían de ocupar los nuevos cuarteles no guardaba cercanía inmediata alguna con el Camino Real de Tierra Adentro[3]. El lugar seleccionado para establecer los cuarteles de la compañía se encuentra sobre las riveras del rio Florido; al este del presidio de San Bartolomé, al sur del presidio de San Francisco de Conchos, al norte del presidio de Cerrogordo y el noroeste del presidio de Santiago de Mapimí. De esta manera, la ágil

---

[3] Ruta comercial principal que unía el poblado de Santa Fe con la ciudad de Zacatecas y proseguía hasta la Ciudad de México.

compañía volante se encontraría localizada estratégicamente en el punto central del área comprendida dentro del polígono formado por los cuatro presidios próximos a extinguirse. El hecho de que la protección de una gran extensión territorial descansara sobre los hombros de una única compañía volante no preocupaba a las autoridades virreinales, ya que estas confiaban en la ligereza del nuevo cuerpo militar para patrullar de manera efectiva el área a su cargo. Así se cumplía con un doble propósito, se salvaguardaban las vías de comunicación y al mismo tiempo se recortaban los gastos de la Real Hacienda:

> ..duda de que acaso no quede cubierto el camino Real que transita para Chihuahua... se subsana con la consideraciones que mayores son las distancias que median desde Huejuquilla al rio Nazas, San Pedro y Chihuahua, que igualmente debe cubrir, y esto sin dificultad podrá conseguir destacando semanaria o mensualmente sus escuadras que en continuo movimiento transiten y vigilen el citado camino y sus inmediaciones, pues la creación de la Compañía es para este fin y por su medio mantener en su custodia, no solo el camino sino toda la provincia y no para que mantenga de pie fijo en el cuartel, en cuyo caso si así fuere debería tener su establecimiento en el mismo Camino Real pudiera excusar la Real Hacienda los gastos de nueva erección motivan aprovechándose de los que no tienen erogados en cualesquiera otro de los Presidios que se mandan reformar, pero como el fin es el establecimiento y agregación de vecindario y que la situación de la Compañía sea el centro de la Provincia para que pueda mejor operar en todo acontecimiento, se hace precisa su erección en paraje cómodo para ello[iv]...

De este modo, con fecha del cuatro de enero de 1753, Don Bernardo Antonio de Bustamante y Tagle firma el acta de fundación del Presidio Real de Santa María de las Caldas[4] del

---

[4] El nombre fue escogido por BAByT en referencia a Nuestra Señora de las Caldas, misma

Valle de Huejuquilla, sobre terrenos ociosos de la hacienda de Nuestra Señora de los Dolores, propiedad de don José de Aramburu mismo que fungió como testigo[v]. Alexander Von Humboldt plasmó la ubicación del asentamiento dentro de la geografía de la Nueva Vizcaya en su "carta general del reino de la Nueva España", misma que se muestra ampliada para su mejor apreciación en el Mapa 1.

En 1761 España formaría parte de la coalición contra la Gran Bretaña, Prusia y Hannover durante la Guerra de los Siete Años. Al mismo tiempo que se recrudecían las hostilidades por parte de los indios bárbaros en la frontera norte de la Nueva España, Madrid se veía obligada a ceder a Gran Bretaña el territorio de la Florida para recuperar Manila y la Habana, ciudades ocupadas por esta última. El gobierno del virreinato se encuentra ante una alarmante disyuntiva: por un lado es preciso recortar gastos y hacer economías para hacer frente a los dispendios efectuados durante el conflicto bélico; mientras que al mismo tiempo el gobierno toma una conciencia clara acerca del peligro inminente que enfrentan sus posesiones americanas, en especial la frontera norte de la Nueva España. El fantasma de una potencia extranjera rondando las posesiones septentrionales cobra presencia al ceder Francia, obediente al tratado de Paris de 1763, parte de sus posesiones de la Luisiana a la Gran Bretaña. Una vez más fue necesario nombrar una comisión para evaluar la situación de la seguridad fronteriza. En 1768, tras una empresa que habría de tomar veintitrés meses, el

Mapa 1: Carta general del reino de la Nueva España. Con ampliación.

---

que se veneraba en la costa norte de España, en su natal Santander.

Copia realizada por *J. G. Bruff en 1846* del original de Alexander Von Humboldt, 1804. Biblioteca del congreso de los Estados Unidos. *G4410 1804 .H Vault*

Marqués de Rubí, acompañado por el joven ingeniero militar, capitán Nicolás de Lafora, entrega a las autoridades virreinales un dictamen en el que pone de manifiesto la alarmante situación del sistema de presidios. A pesar de las reformas realizadas a menos de dos décadas atrás reina de nuevo la indisciplina, la corrupción y las condiciones precarias y deficientes. Establece que España no podía y no debía intentar controlar los territorios más allá de las zonas ocupadas efectivamente ya que, al encontrarse estas tierras bajo ocupación de hordas indígenas, no representan sino "dominios imaginarios." Para frenar las incursiones bárbaras a las zonas pobladas y al mismo tiempo contar con un sistema de defensa en caso de tener que hacer frente a ambiciones de otros reinos europeos, el Marqués de Rubí hace algunas recomendaciones: además de incrementar el número de soldados en la zona, equiparlos adecuadamente y formar una milicia provincial preparada -con la clara idea de ahorrar sacrificando lo menos posible la seguridad- propone suprimir siete de los veinticuatro presidios existentes y reubicar los restantes –con excepción de las guarniciones de Santa Fe y San Antonio- para formar un apretado cinturón de quince presidios equidistantes, que funjan como barrera defensiva y que sean capaces de socorrerse unos a otros de manera rápida y oportuna en caso de ser necesario. La ubicación de dicho cinturón se anticipó de manera asombrosa a la posición de la frontera actual entre México y los Estados Unidos. En 1772, a escasos diecinueve años de su establecimiento, la Compañía Volante del Real Presidio de Santa María de las Caldas en Huejuquilla es reubicada sobre las riveras del rio Bravo, en el valle de San Elizario, al este del poblado de Nuestra Señora del Pilar de los ríos del Paso del Norte (Moorhead 2004: 40-54).

Desarrollo demográfico
Los primeros habitantes y sus vecinos

La creación del presidio en la zona trajo consigo un crecimiento desmesurado. Anteriormente, las tierras de labranza eran ocupadas y abandonadas al primer embate de los indios. La presencia de hombres de armas fue seguida de una pléyade de familias en busca de una vida tranquila. La efervescencia experimentada por la nueva población se refleja en el libro de asientos bautismales de la parroquia del Real Presidio de Nuestra Señora Santa María de las Caldas del Valle de Huejuquilla (en lo sucesivo Huejuquilla): durante sus primeros veinte años de registro se administró el bautismo a poco más de 900 personas[5] (Ver cuadro 1).

Para 1762 –según el historiador chihuahuense Francisco R. Almada- en las inmediaciones del presidio se encontraban asentadas 228 personas y la antigua hacienda de Nuestra Señora de los Dolores empleaba a 70 personas (Almada N/A, 19-23). Si tomamos como cierta la información anterior[6] y la contrastamos con los datos arrojados por el primer padrón oficial de la región encontramos que la población de Huejuquilla aumentó en un 138% durante un lapso de 15 años (ver cuadro 2).

---

[5] Lo anterior de ninguna forma pretende atribuir a la población del Presidio de Santa María de las Caldas un incremento de 900 personas en un lapso de veinte años. Recordemos que la parroquia ofrecía sus servicios a pueblos y rancherías circunvecinos. En el libro de actas constan registros de parroquianos domiciliados en lugares relativamente distantes como son San Bartolomé (hoy Valle de Allende), Chihuahua, Poblado de las Cuevas (asentamiento perteneciente a los indios denominados 'faraones'), por mencionar algunos.
[6] El origen de las afirmaciones del Sr Almada no pudo ser ubicado para su corroboración.

Cuadro 1: Tabla de bautizos

Año	1757	1758	1759	1760	1761	1762	1763
Bautizos	23	18	41	55	47	48	49
Año	1764	1765	1766	1767	1768	1769	1770
Bautizos	28	64	43	60	51	55	31
Año	1771	1772	1773	1774	1775	1776	Total
Bautizos	52	53	44	52	67	45	929

FUENTE: Archivo parroquial de Cd Jiménez. Bautismos, caja 1, libro 1.

A poco más de dos décadas de su fundación la nueva población de Huejuquilla se había convertido en un centro administrativo regional, vecinos del poblado indígena de San Buenaventura de Atotonilco (sede de la antigua misión franciscana, hoy conocido como Victoriano López, Chihuahua –o Villa López, de manera informal), así como de las haciendas de Dolores, Santa María, Tierra Blanca y el rancho San Pedro –entre otros– acudían a Huejuquilla en busca de satisfacción para sus asuntos oficiales y religiosos.

En 1777 las autoridades virreinales condujeron el primer censo oficial que se efectuó en la región; mismo que le otorgó un total de 419 habitantes, quienes representaban el 29% de la población total de dicha jurisdicción, seguidos por el poblado de San Buenaventura de Atotonilco (en lo sucesivo Atotonilco) con 370 habitantes y la próspera hacienda de Dolores con 351 (cuadro 2).

De la población total de la jurisdicción, el 16% manifestó tener un origen español, el 29% fue denominado mestizo, una cuarta parte de la población estaba conformada por indígenas; de manera curiosa, la categoría étnica con mayor incidencia fue conformada por mulatos, quienes representaban a tres de cada diez habitantes (ver figura 1).

Cuadro 2: Número de habitantes bajo la jurisdicción de Huejuquilla en 1777

	Hombres	Mujeres	Niños	Niñas	TOTAL
Hda. Tierra Blanca	33	25	14	15	87
Huejuquilla	144	167	138	94	543
Hda Dolores	95	101	103	52	351
Rancho San Pedro	10	8	9	5	32
Hda Santa María	18	18	16	12	64
Atotonilco	119	117	77	57	370
TOTAL	419	436	357	235	1447

FUENTE: "Padrón 1777" Archivo Histórico Municipal de Cd Jiménez. Caja S XVII, carpeta '1777', foja 29

Sin embargo, la proporción manifestada en el grafico anterior no es representativa de los diferentes asentamientos comprendidos en la jurisdicción de Huejuquilla si los consideramos de forma individual. Especialmente, en lo referente a la concentración de españoles e indígenas encontramos una polarización muy marcada. El poblado de Huejuquilla concentraba al 90% de los habitantes considerados españoles; mientras que el poblado de San Buenaventura de Atotonilco albergaba al 84% de la población indígena[7] (ver cuadro 3).

---

[7] Recordemos que el poblado de San Buenaventura de Atotonilco tuvo su origen en la misión franciscana del mismo nombre la cual estaba conformada por indígenas conchos.

Figura 1: Composición étnica de la jurisdicción de Huejuquilla, 1777

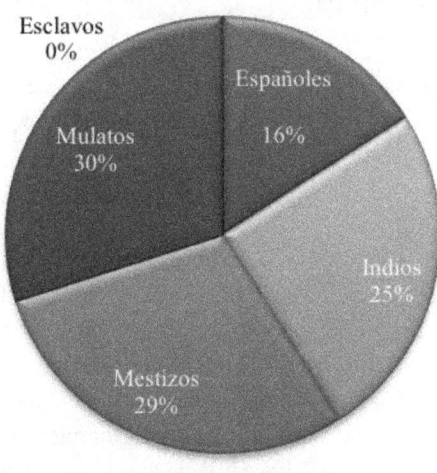

FUENTE: "Padrón 1777" Archivo Histórico Municipal de Cd Jiménez. Caja S XVII, carpeta '1777', foja 29.

Cuadro 3: Composición étnica por asentamientos

	Huejuquilla	Dolores	Sta. María	Atotonilco	San Pedro	Tierra Blanca	TOTAL
Españoles	208	6	6	1	0	10	231
Indios	17	33	0	304	0	7	361
Mestizos	197	160	12	23	18	12	422
Mulatos	121	151	46	42	14	58	432
Esclavos	0	1	0	0	0	0	1
Total	543	351	64	370	32	87	1447

FUENTE: "Padrón 1777" Archivo Histórico Municipal de Cd Jiménez. Caja S XVII, carpeta '1777'.

El único esclavo que existió en la región era una joven de catorce años, quien servía a Don José Sagarribai, oriundo de los reinos de Castilla, administrador de la hacienda de Dolores[vi].

Aun cuando se registraron familias procedentes de lugares tan distantes como Cuernavaca y la Ciudad de México, el grueso de las familias eran originarias de poblaciones situadas dentro de la Nueva Vizcaya; de las cuales, el Valle de San Bartolomé (hoy Valle de Allende, Chih.) y el poblado de San Francisco de Conchos fueron los asentamientos que más reportaron migrantes hacia Huejuquilla[8], según quedo constatado por los jefes de familia que registraron sus lugares de origen en el padrón[vii].

De los 231 individuos registrados como españoles únicamente cuatro eran de origen peninsular. Los indígenas eran Conchos en su inmensa mayoría, nativos de la zona y

---

[8] Lo anterior puede entenderse si consideramos que ambos poblados contaban con presidios que fueron suprimidos al establecerse la nueva compañía volante en Huejuquilla.

concentrados principalmente en el poblado de Atotonilco bajo la dirección de José Balbín (sic), misionero franciscano[viii].

Las ocupaciones

La economía local estaba dominada por actividades relacionadas con el campo y la agricultura; 19 personas laboraban para los minerales de Los Reyes y Las Adargas (situadas a aproximadamente 10 kilómetros hacia el sur del presidio).

Dentro del rubro de oficios mecánicos encontramos a carpinteros, herreros, curtidores, sastres, tejedores, alfareros, carboneros, etc.

La categoría de labradores se refiere a aquellos agricultores en pequeño, que por lo regular trabajaban para sí mismos, en oposición a aquellos empleados de campo que trabajaban para las haciendas como peones, mismos que entran dentro de la categoría de sirvientes (esta categoría también incluye a empleados domésticos, dificultando su dicotomía). Los cien hombres registrados como labradores y los dos ministros de pluma (categoría bajo la cual se inscribió a los funcionarios religiosos) se encontraban repartidos entre los 2 pueblos: Huejuquilla y Atotonilco. El funcionario de la Real Hacienda así como los dos ministros de justicia radicaban en Huejuquilla (ver cuadro 4). Para comprender mejor el peso económico que descansaba sobre las haciendas es preciso compararlas directamente con los dos pueblos de la región (ver figura 2)[9]. Según el padrón de 1777, el 35% de los 419 hombres en edad de trabajar eran residentes de tres haciendas: la gran hacienda de Dolores ocupaba a 95 hombres (23%)[ix];

---

[9] Según la costumbre de la época, únicamente los varones mayores de 16 años se consideraban parte de la población en edad de trabajar.

seguida por la hacienda de Tierra Blanca que ocupaba a 33 hombres (8%)[x] y la hacienda de Santa María que ocupaba a 18 hombres (4%)[xi]. En contraste, Huejuquilla albergaba a 144 hombres (34%) y Atotonilco a 119(29%). Por si sola, la capacidad económica de la hacienda de Dolores podía rivalizar con la del pueblo indígena de Atotonilco y representaba el 66% de la capacidad económica de Huejuquilla.

Cuadro 4: Ocupaciones en 1777[10]

Funcionarios de la Real Hacienda	1
Ministros de Justicia	2
Funcionarios de pluma	2
Dueños de minas	2
Actividades de minería	17
Hacendados/administradores	4
Labores de campo	45
Oficios mecánicos	28
Clase de sirvientes	181
Sin destino	37
Labradores	100
Total	**419**

FUENTE: "Padrón 1777" Archivo Histórico Municipal de Cd Jiménez. Caja S XVII, carpeta '1777', foja 29.

---

[10] Aclaración: El presente cuadro fue elaborado con estricto apego al documento original, realizado por las autoridades virreinales en 1777. El autor conserva y respeta las clasificaciones usadas en la época.

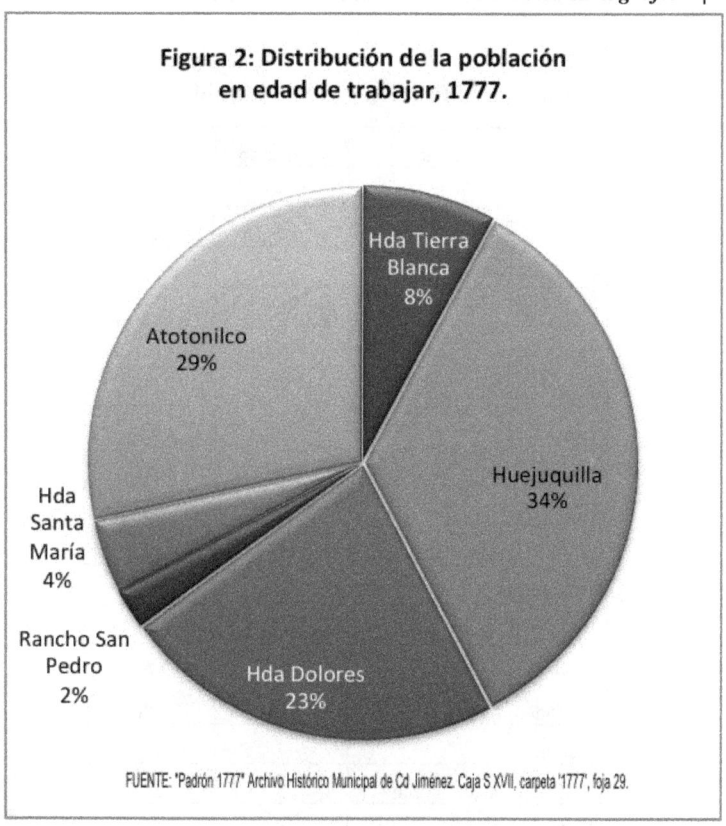

Figura 2: Distribución de la población en edad de trabajar, 1777.

FUENTE: "Padrón 1777" Archivo Histórico Municipal de Cd Jiménez. Caja S XVII, carpeta '1777', foja 29.

Al comparar el detalle de las profesiones ejercidas en Huejuquilla con el detalle de aquellas ejercidas en la Hacienda de Dolores (cuadro 5 y cuadro 6)[11] encontramos similitudes y diferencias. Huejuquilla contaba con un segmento de artesanos que representaban un poco más del 7% de la población y atienden al público en general; mientras que en Dolores se contaba únicamente con un carpintero y un

---

[11] La anterior comparación obedece a la dicotomía Poblado-Hacienda como entidades que competían entre sí en términos económicos y productivos.

Cuadro 5: Profesiones Huejuquilla 1777

Profesiones	Cantidad	%
Arrieros	1	1%
Campistas	2	2%
Cocineras	1	1%
Herreros	2	2%
Hortelano	1	1%
Justicia Mayor	1	1%
Labradores	30	31%
Mineros	3	3%
Notarios	1	1%
Oficial de hacer carretas	1	1%
Oficiales de sastre	4	4%
Peones	7	7%
Sirvientes	26	27%
Soldados	4	4%
Teniente	1	1%
Trabajadores de labranza	3	3%
Trabajan en la labor	5	5%
Vaqueros	3	3%
Total	96	100%

FUENTE: "Padrón 1777" Archivo Histórico Municipal de Cd Jiménez. Caja S XVII, carpeta '1777'.

jabonero, ambos necesarios para el funcionamiento interno de la hacienda. Sin embargo el pilar de la economía del poblado de Huejuquilla descansaba sobre los hombros de agricultores independientes -labradores- (31% de la población en edad de

Cuadro 6: Profesiones Dolores 1777

Profesiones	Cantidad	%
Administrador Hacienda	1	1%
Albañil	1	1%
Arrimados	13	18%
Boyeros	2	3%
Caporal	1	1%
Carbonero	1	1%
Carpintero	2	3%
Cocineras	2	3%
Dueño Hacienda	1	1%
Herrero	1	1%
Hortelano	1	1%
Jabonero	1	1%
Maestro	1	1%
Minero	7	10%
Molinero	1	1%
Pastor	1	1%
Peones	25	34%
Sirvientes	5	7%
Soldados	2	3%
Trabajan en la labor	1	1%
Vaquero	2	3%
Viñero	1	1%
Total	**73**	**100%**

FUENTE: "Padrón 1777" Archivo Histórico Municipal de Cd Jiménez. Caja S XVII, carpeta '1777'.

trabajar); mientras que la hacienda, propiedad privada, existía gracias a las labores que peones y sirvientes realizaban para un tercero (42% de la población en edad de trabajar), a cambio de lo necesario para procurar sustento para ellos mismos y sus familias.

Acerca de la edad de sus habitantes

Recordemos que en 1777 Huejuquilla era un poblado muy joven: no habían pasado más que escasos 24 años desde su fundación, hecho que se reflejaba en las edades de los miembros de su comunidad. El 57% de sus habitantes contaban con menos de 16 años[12], mientras que el 76% apenas llegaba a los 26. Apenas el 6% del total de la población alcanzaba una edad superior a los 55 años (ver figura 3). Podríamos suponer que lo anterior obedece a la escasa antigüedad del poblado de Huejuquilla, pero si lo comparamos con dos asentamientos establecidos antes de su fundación encontramos un patrón representativo: Dolores, poblado que también sufrió un gran incremento en su población al contar con protección militar en la zona, manifestaba que la distribución de su población era similar a la del antiguo presidio: 59.9% contaba con menos de 16 años de edad y 74.8% contaba con menos de 26. San Buenaventura de Atotonilco, el asentamiento más maduro, también contaba con un marcado porcentaje de menores de 16 años: 54.3%. El porcentaje de habitantes de la antigua misión menores de 26 años de edad llegaba al 68.8% (Ver cuadro 7).

---

[12] Se escoge dicha edad como punto de partida porque de acuerdos a lo acostumbrado en la época los quienes contaban con 16 años de edad o más se consideraban en edad apta para trabajar.

Desarrollo demográfico | 53

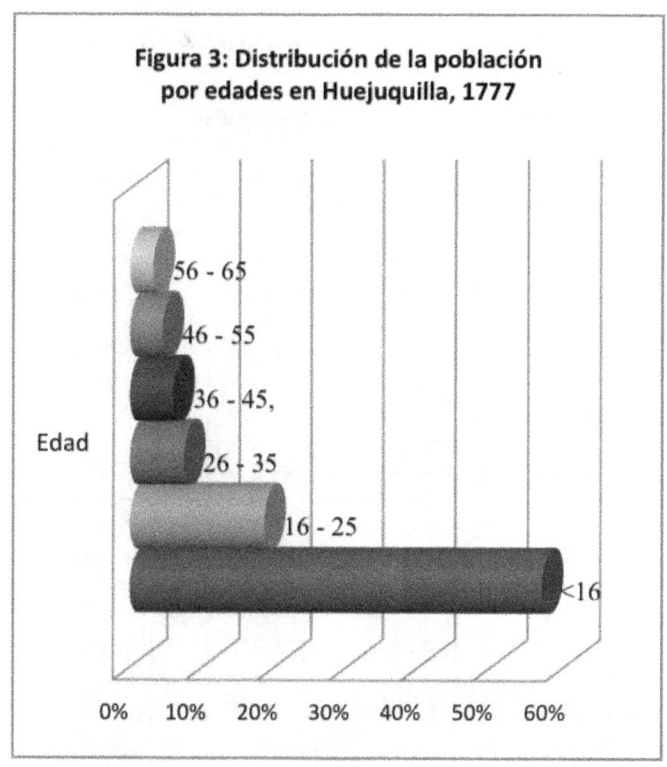

FUENTE: "Padrón 1777" Archivo Histórico Municipal de Cd Jiménez. Caja S XVII, carpeta '1777'

Cuadro 7: Distribución de la población por edades 1777

Rango de edades	Asentamientos					
	Huejuquilla		Dolores		Atotnilco	
<16	266	57.2%	173	59.9%	183	54.3%
16 - 25	87	18.7%	43	14.9%	49	14.5%
26 - 35	35	7.5%	23	8.0%	43	12.8%
36 - 45	28	6.0%	22	7.6%	30	8.9%
46 - 55	21	4.5%	13	4.5%	12	3.6%
56 - 65	15	3.2%	5	1.7%	11	3.3%
66 - 75	10	2.2%	9	3.1%	5	1.5%
76 - 85	3	0.6%	1	0.3%	2	0.6%
>85	0	0.0%	0	0.0%	2	0.6%
TOTAL	465	100.0%	289	100.0%	337	100.0%

FUENTE: "Padrón 1777" Archivo Histórico Municipal de Cd Jiménez.
Caja S XVII, carpeta '1777'

Siglo XIX

Para 1841 la población casi se triplicó: de 543 habitantes ahora contaba con 1503. De manera paralela, el poblado indígena de Atotonilco aumentó su número de habitantes más del triple: de 370 en 1777 a 1193 en 1841. La explosión demográfica que sufrieron los pueblos no fue observada por la Hacienda de Dolores, misma que experimentó un aumento de menos del 25% en su población: de 351 a 433 habitantes (ver cuadro 8)

Cuadro 8: Población en 1841

Asentamiento	Menores de 16 años	Mayores de 16 años	TOTAL
Jiménez	672	831	1503
Hda Dolores	200	233	433
Atotonilco	562	631	1193

FUENTE: "Padrón 1841" Archivo Histórico Municipal de Cd Jiménez. Bulto 1841, carpeta 'Padrón'.

Sin embargo, la villa de Jiménez ahora reflejaba una población más madura (ver figura 4), los menores de 16 años aun ocupaban el segmento más amplio, mas habían cedido más de 10 puntos porcentuales; mientras que el segmento poblacional que contaba entre 26 y 35 años de edad se había duplicado y ahora cubría al 17% de la población. El grupo de vecinos mayores de 56 años ahora representaba a más del 8%. El poblado contaba con 12 habitantes mayores de 76 años (un poco más del 1%).

Figura 4: Distribución de población por edades en Jiménez, 1841

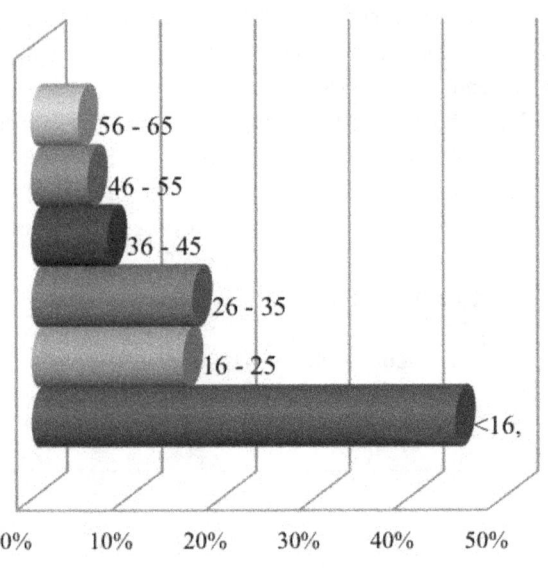

FUENTE: "Padrón 1841" Archivo Histórico Municipal de Cd Jiménez. Bulto 1841, carpeta 'Padrón'

En sí, la región experimentaba una distribución de edades similar, se trataba de una región de jóvenes donde cerca del 80% de sus habitantes sumaba menos de 36 años de edad. Sin embargo, a diferencia de 1777, ahora la población en edad de trabajar había aumentado considerablemente, lo cual reflejaría un crecimiento económico significativo (ver cuadro 9).

Cuadro 9: Distribución de la población por edades 1841

Rango de edades	Asentamientos					
	Jiménez		Dolores		Atotonilco	
<16	672	45%	200	46%	562	47%
16 - 25	247	16%	81	19%	243	20%
26 - 35	253	17%	65	15%	145	12%
36 - 45	121	8%	42	10%	128	11%
46 - 55	93	6%	26	6%	54	5%
56 - 65	77	5%	11	3%	39	3%
66 - 75	28	2%	7	2%	13	1%
76 - 85	11	1%	1	0%	8	1%
>85	1	0%	0	0%	1	0%
TOTAL	1503	100%	433	100%	1193	100%

FUENTE: "Padrón 1841" Archivo Histórico Municipal de Cd Jiménez. Bulto 1841, carpeta 'Padrón'.

Para 1841 la estructura de la población en edad de trabajar había sufrido algunas transformaciones. Las actividades rurales conservaron su papel preponderante; sin embargo, la clase de agricultores independientes -pequeños propietarios (labradores)- perdió su papel principal como la actividad que más vecinos realizaban: había disminuido en más 10% con relación al censo anterior. Al mismo tiempo surge una clase no registrada en el censo anterior, y que en 1841 representa a más del 33% de la población en edad de trabajar y supera al número de labradores: los jornaleros, un grupo de agricultores —sin tierra- que ofrecían su fuerza de trabajo a terceras personas a cambio de un pago previamente convenido. El citado censo también expone un fenómeno inexistente en 1777, aparece y se desarrolla una nueva clase, burguesa podría denominarse, propietaria de capital y dedicada a actividades no agropecuarias: surgen 7 comerciantes establecidos, quienes representan al 2% de la población. También encontramos una clase de propietarios de fincas urbanas, destinadas al arrendamiento (cerca del 4%) – ver cuadro 10.

Cuadro 10: Ocupaciones 1841

Profesiones	Cantidad	%
Bolero	1	0.3%
Calero	1	0.3%
Carpinteros	1	0.3%
Comerciantes	7	2.0%
Criador	12	3.4%
Cura	1	0.3%
Dueño de Fincas Urbanas	13	3.7%
Dueño de Ganado	5	1.4%
Herrero	3	0.9%
Jornalero	116	33.0%
Labrador	96	27.3%
Leñeros	7	2.0%
Mendigo	1	0.3%
No legible	1	0.3%
Obrajero	57	16.2%
Pintores	2	0.6%
Preceptor	1	0.3%
Sacristán	1	0.3%
Sastres	3	0.9%
Sombrerero	5	1.4%
Vaquero	8	2.3%
Zapateros	10	2.8%
Total	352	100.0%

FUENTE: "Padrón 1841" Archivo Histórico Municipal de Cd Jiménez. Bulto 1841, carpeta 'Padrón'.

En promedio, la nueva y pujante clase de comerciantes registraba los mayores ingresos mensuales con 26 pesos; seguida por los dueños de ganado con 13 pesos mensuales. Un labrador ganaba en promedio 7 pesos al mes, aunque se registraron labradores que ganaban hasta el doble de dicha cantidad. Un jornalero contaba únicamente con 5 pesos al mes para el sostén de su familia. Pablo José Villalobos, de 47 años de edad, casado y padre de 6 hijos, quien fungía como el único maestro de escuela registrado en 1841, recibía 10 pesos mensuales. Los oficios artesanales redituaban de 4 (para un zapatero) hasta 9 pesos (para un herrero). Lamentablemente, el Archivo Histórico Municipal de Ciudad Jiménez no ofrece información acerca de los ingresos de los propietarios de fincas urbanas, ni de funcionarios públicos; aunque nos atrevemos a aventurar que se situarían en el cuartal más alto de la población (Cuadro 11).

En 1849 se realizó el próximo censo oficial. El nuevo conteo solo fue reflejo de una etapa oscura en la historia del estado de Chihuahua. Los resultados registrados en el padrón de 1849 al ser contrastados con los del padrón de 1841 arrojaron que la villa de Jiménez había perdido a más del 12% de su población en un lapso de ocho años; mientras que durante el mismo periodo la hacienda de Dolores había perdido un poco menos del 15%. (Ver cuadro 8 y cuadro 12).

Lo anterior nos remite a un periodo difícil, en el que la guerra, la hambruna, la viruela y el cólera, como jinetes del apocalipsis, causaron estragos en la región. (Ver capitulo referente a los jimenenses y las guerras).

Cuadro 11: Ingresos mensuales –promedio–

Profesión	Pesos
Carpintero	$8
Comerciante	$26
Criador	$6
Dueño de ganado	$13
Jornaleros	$5
Labradores	$7
Leñero	$4
Obrajeros	$5
Preceptor	$10
Sastre	$7
Sombrerero	$6
Vaquero	$6
Zapatero	$4
Albañil	$6
Arriero	$8
Herrero	$9
Peón	$4
Sirviente	$5

FUENTE: "Padrón 1841" Archivo Histórico Municipal de Cd Jiménez. Bulto 1841, carpeta 'Padrón'.

Cuadro 12: Población en 1849

Asentamiento	Menores de 16 años	Mayores de 16 años	TOTAL
Jiménez	527	794	1321
Hda Dolores	161	210	371

FUENTE: "Padrón 1849" Archivo Histórico Municipal de Cd Jiménez. Bulto 1849, carpeta 'Padrón'.

Desarrollo demográfico | 61

Al analizar el padrón de una manera más profunda nos damos cuenta de que el panorama es más grave de lo que parece: al sustraer la suma de los supervivientes nacidos entre 1841 (el padrón de 1841 se realizó durante el mes de enero de dicho año) y 1849, del total registrado por este último padrón encontraremos que únicamente sobrevivieron en Jiménez 1015 habitantes de 1503 (el equivalente a un 67% de la población de ocho años atrás) y la hacienda de Dolores solo contaba con 253 de sus otrora 433 pobladores (poco menos del 59%). El segmento más joven de la población fue el más afectado: en 1841, Jiménez albergaba a 330 niños menores de 8 años (22% del total de su población), de los cuales pereció uno de cada tres: únicamente 221 sobrevivían en 1849 –en 1849 sus edades se situaban entre los 8 y 16 años). Sin embargo, durante estos años difíciles la tasa de nacimientos se incrementó a tal punto que contrarrestó la tasa de mortalidad del 33% antes mencionada: para 1849 el porcentaje de habitantes menores de 8 años –nacidos en este periodo- aumentó ligeramente situándose en un poco más del 23%. Lo anterior es por demás significativo; tengamos en cuenta que los datos del censo únicamente incluyen a los sobrevivientes, por lo que es difícil calcular con precisión la tasa de nacimientos durante el periodo ya que se ignora la cifra exacta de infantes que perecieron. No obstante, no es aventurado decir que la tasa de nacimientos necesariamente aumentó en un 50%, con relación a sí misma, para ser capaz de mantener al segmento poblacional afectado dentro del rango de crecimiento anterior a las epidemias; como árbol frutal, que al ser podado y despojado de su fruto, no solo sana sino que además cubre sus muñones con nuevos brotes y retoños.

La villa de Jiménez continuaba siendo, a pesar de todo una población joven, habitada por jóvenes, donde un vecino de cada siete contaba con menos de 35 años. Aun cuando los menores de edad habían sufrido más que ningún otro segmento los embates de la enfermedad y habían disminuido su proporción en un 5% con respecto al censo anterior, en 1849 permanecían como el sector más numeroso de la población ocupando el 40% del total (ver figura 5).

Figura 5: Distribución de población por edades, 1849

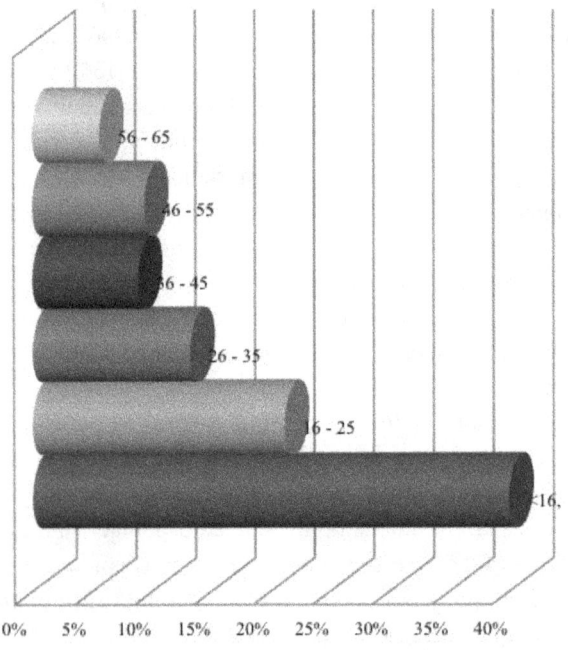

FUENTE: "Padrón 1849" Archivo Histórico Municipal de Cd Jiménez.
Bulto 1849, carpeta 'Padrón'.

Para 1864, la estructura económica de la población había sufrido interesantes transformaciones: el pilar de la economía local seguía siendo dominado por los labradores, quienes representaban a los 27% de la población, seguidos por los jornaleros (21%). Los oficios artesanales se habían diversificado en gran medida desde 1841 y en 1864 se constituían como una clase importante en la estructura social, que incluía a herreros, carpinteros, sastres, sombrereros, alfareros, zapateros, albañiles, canteros, pintores, panaderos, talabarteros y veleros; en conjunto abarcaban al 22% de la población. La industria de la construcción había florecido de manera significativa con la introducción de la ladrillera: ladrilleros, canteros, albañiles representaban al 5% de los habitantes registrados. El 10% de los registrados manifestaron prestar algún tipo de servicio, como Don Juan Capdevilla (sic) quien fungía de médico; Jesús Álvarez maestro de escuela; 3 músicos, una lavandera y 49 sirvientes. El comercio también iba en ascenso y el número de comerciantes registrados doblo sus filas, a 14 individuos (3% del total). El resto de la población se dedicaba a diversos oficios agropecuarios (vaqueros, monteros) y minería. El poblado registraba en 1864 a 3 mendigos (ver cuadro 13).

Cuadro 13: Ocupaciones 1864

Profesión	Cantidad	%
Jornaleros	114	21%
Herreros	9	2%
Labradores	152	27%
Carpinteros	21	4%
Sastres	31	6%
Albañiles	3	1%
Sombrereros	8	1%
Alfareros	2	0%
Sirvientes	49	9%
Comerciantes	14	3%
Operarios	1	0%
Preceptores	1	0%
Obrajeros	56	10%
Vaqueros	2	0%
Zapateros	23	4%
Médicos	1	0%
Músicos	3	1%
Mineros	7	1%
Canteros	2	0%
Pintores	2	0%
Roperos	1	0%
Presbítero	1	0%
Panaderos	7	1%
Montero	1	0%
Lavanderas	1	0%
Ladrilleros	22	4%
Talabarteros	14	3%
Mendigos	3	1%
Varilleros	1	0%
Veleros	1	0%
Total	**553**	**100%**

FUENTE: "Padrón 1864" Archivo Histórico Municipal de Cd Jiménez.
Bulto 1864, carpeta 'Padrón'

Había transcurrido ya más de un siglo desde la fundación del Real Presidio de Santa María de las Caldas de Huejuquilla, sede de la antigua compañía volante; y en 1880, a menos de dos décadas de ser elevada a ciudad (ver cap. II), la villa de Jiménez albergaba a 2316 habitantes; de los cuales 7 de cada diez aun no cumplían los 36 años de edad. La antigua hacienda de Dolores manifestaba una estructura similar: el 75% de sus 574 habitantes no tenían los 36 años cumplidos (ver cuadro 13).

Cuadro 14: Distribución de la población por edades 1880

Rango de edades	Asentamientos			
	JIMENEZ		DOLORES	
<16	977	42%	250	44%
16 - 25	396	17%	87	15%
26 - 35	324	14%	90	16%
36 - 45	274	12%	78	14%
46 - 55	174	8%	39	7%
56 - 65	125	5%	16	3%
66 - 75	32	1%	5	1%
76 - 85	12	1%	6	1%
>85	2	0%	3	1%
TOTAL	2316	100%	574	100%

FUENTE: "Padrón 1841" Archivo Histórico Municipal de Cd Jiménez.
Bulto 1880, carpeta 'Padrón'.

En un lapso de 103 años la población de la villa de Jiménez había aumentado en un 426%; mientras que el desarrollo demográfico de la hacienda de Dolores fue más modesto: únicamente el 163%. La tasa de crecimiento anual fue en promedio de poco más del 4% anual (o 17 habitantes por año) para Jiménez y del 1.6% para Dolores (2 habitantes por año) –ver figura 5. Lo anterior no es reflejo de la tasa de nacimientos, ya que los censos únicamente tomaban en cuenta a los habitantes con vida y no contamos con datos que nos permitan determinar la tasa de mortalidad. Sin embargo sabemos que únicamente cuatro de cada cincuenta personas podían aspirar a vivir más de 56 años, y únicamente uno entre mil alcanzaría una edad superior a los 85 años (0.09%).

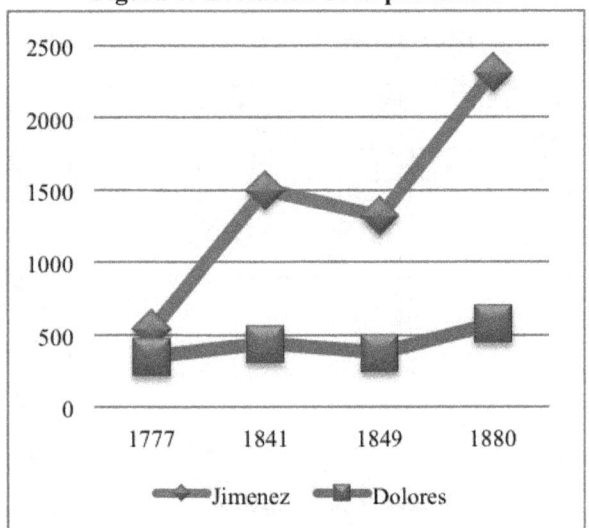

Figura 6: Evolución de la población.

Fuente: Archivo Historico Municipal de Ciudad Jimenez, Chihuahua.

Desarrollo demográfico

Salud y sanidad

A apenas unos días de haberse cumplido 5 años de la consumación de independencia, Simón Elías, teniente coronel retirado del ejército y gobernador del estado de Chihuahua, emitió una circular donde indicaba que "… la salubridad de los pueblos corre a cargo de sus respectivos ayuntamientos[xii]." De este modo el gobierno del joven estado delegaba responsabilidades a las autoridades locales en un afán por rendir más eficiente la organización y resolución de problemas y dificultades a nivel local, otorgando flexibilidad para una toma de decisiones más rápida.

Lo anterior de ningún modo significaba que las autoridades estatales abandonaban a su suerte a los ayuntamientos en lo concerniente al sector salud. De hecho, las circunstancias se tornaron tan graves durante ciertos periodos que más que una obligación la colaboración entre estado/ayuntamiento se tornó en necesidad para poder paliar las coyunturas.

En el estado de Chihuahua el siglo XIX se vivió bajo la amenaza constante de los cuatro jinetes del apocalipsis. De manera coordinada, el Hambre, la Guerra y la Peste (llámese 'enfermedades') servían a la Muerte. Entre los 4 causaron estragos en el norte de la joven nación.

Las epidemias

El poderoso jinete de la Enfermedad puso de rodillas a regiones enteras y doblego la voluntad de todo un estado. Las epidemias de viruela y cólera morbus asolaron pueblos y rancherías, literalmente diezmando sus poblaciones durante décadas.

Los primeros esfuerzos por controlar 'las viruelas' surgieron durante el primer lustro de existencia del estado de Chihuahua. Desde 1826 el ayuntamiento de Huejuquilla recibió instrucciones de distribuir, entre su población, el fluido vacuno que habría de prevenir la propagación del mal[xiii].

A principios de la década de 1840 fue cuando la epidemia de viruelas cobro mayor fuerza en la región sureste del estado de Chihuahua. El problema se ve agravado por la ausencia de personal instruido en los usos y técnicas para aplicar correctamente la vacuna, por no hablar de la inexistencia en muchos de los pueblos y rancherías de médicos.[xiv] En un afán para agilizar y optimizar la distribución del fluido vacuno, la imprenta del Gobierno, dirigida por Cayetano Ramos, imprimió y distribuyó un "Método para vacunar;[xv]" ABC que permitía prácticamente a cualquier persona sin instrucción medica aplicar de manera correcta el inoculador; los descendientes de los habitantes del antiguo presidio de Santa María de las Caldas recibieron 40 ejemplares.

Proveniente del hoy estado de Durango, la viruela amenazaba desde Cuencamé al estado de Chihuahua. Los primeros esfuerzos por combatir al mortal enemigo se dieron, de manera preventiva desde principios de 1841.[xvi] En febrero la preocupación crecía, y se señalaba a las autoridades de la prefectura de Hidalgo (con cabecera en Hidalgo del Parral) la carencia de fondos con que socorrer a las víctimas de la enfermedad especialmente "… a la clase menesterosa, (porque) probablemente sería está en la que aquella (la viruela) se cebare con mayor furor[xvii]." A lo que la prefectura replicaba haciendo énfasis en la situación de estrechez que atravesaba y la rendía incapaz de otorgar socorro alguno, fuera de una solidaridad moral y una serie de consejos acerca de exhortar a la población a seguir con rigor medidas de higiene y de procurar a aquellos individuos más capaces para que apliquen la distribución del fluido. En mayo, se reportaba el primer caso de viruela en el pueblo indígena de Atotonilco, a escasos 10 km de la villa de Jiménez, al encontrarse una niña contagiada[xviii], inmediatamente se dio parte a la prefectura de Hidalgo, quien manifestaba su incapacidad para actuar –por tratarse de una noticia reciente e inmediata que no ha sido transmitida a través de los medios y formas acostumbrados- y sugería que se pidiera asistencia directa al gobierno del estado, eso sí, sin dejar de manifestar una preocupación verbal acerca del asunto[xix].

Las autoridades locales de ninguna manera habían permanecido con los brazos cruzados y desde el mes de abril lanzaron una campaña de vacunación entre los pobladores de la villa de Jiménez y los de los pueblos y rancherías bajo su jurisdicción: el 25 de abril, Juan Pablo Lozano, responsable político del municipio de Atotonilco, rindió cuentas al jefe de partido, expresando la satisfactoria aplicación del líquido salvavidas a 68 infantes[xx]. Para agosto la niña enferma de la que se hizo mención en el párrafo anterior había muerto, y se reportaban 4 casos más.

La recepción de vacunas y la capacitación de vacunadores benefició de manera directa a los pobladores de la villa de Jiménez, quienes no escatimaron esfuerzos para prevenir una tragedia dentro de sus lindes, lo anterior en detrimento de los habitantes de poblados y rancherías circunvecinos, quienes sintieron los estragos del virus en su mayor intensidad.

Para darnos cuenta de la fuerza que cobraba la epidemia de viruelas veamos de cerca el caso del poblado indígena de Atotonilco y la Hacienda de Dolores, situados a escasos 10 y 5 kilómetros de la villa de Jiménez, respectivamente; ambos dentro de la jurisdicción político administrativa de esta última.

El desarrollo de la enfermedad en el poblado indígena de Atotonilco durante el último trimestre de 1841 fue impresionante: en su parte quincenal del 3 de octubre, el jefe del ayuntamiento de Atotonilco reportaba a su superior en la villa de Jiménez la existencia de 15 enfermos y un muerto; para la quincena posterior los enfermos suman 37 y los muertos 2[xxi]. El prefecto de Hidalgo ordenó a la municipalidad de Jiménez destinar 50 pesos de las arcas de Hacienda para hacer frente a la epidemia[xxii].

El 20 de septiembre del mismo año, Agustín de Estavillo, propietario de la hacienda de Dolores reportó la existencia de 7 enfermos de viruelas y 6 de 'torzón' dentro de los linderos de sus propiedades; una semana más tarde 9 de ellos habrían fallecido[xxiii]. El parte del 18 de octubre reportaba que habían fallecido 14 habitantes y una semana después, el día 25, los enfermos sumaban 16[xxiv].

Con la llegada del invierno el virus de la viruela perdió intensidad, al punto de que las autoridades, optimistas creían que los días difíciles quedaban atrás, durante el mes de febrero de 1842 únicamente 3 personas se reportaron enfermas en el poblado indígena de Atotonilco[xxv]. En un reporte presentado al jefe político del partido de Jiménez en abril de 1842, se informó que en Atotonilco habían enfermado 271 habitantes de los cuales fallecieron 53[xxvi].

La epidemia menguó, aunque no despareció del todo. La sombra del virus oscureció las décadas venideras; intermitente se reportaron casos a lo largo de los años siguientes, cosechando cadáveres entre los sectores menos favorecidos de la población.

Los brotes y aparición de enfermedades periódicas son característicos del siglo XIX en la región de la villa de Jiménez. En 1849 se reportaron casos de cólera morbus tanto en la villa, como en la hacienda de Dolores y en el poblado indígena de Atotonilco. La escuela cerraba sus puertas y las abría a capricho de las enfermedades, ya que al concentrar bajo su techo al segmento más vulnerable de la población dispersaba de manera efectiva síntomas y consecuencias y los acercaba a prácticamente todos los hogares del partido.

En 1852, la jefatura del partido de Jiménez se vio en la necesidad de solicitar apoyo económico al gobierno del estado para poder hacer frente a una ola de fiebre que azotaba a la comunidad. Las autoridades estatales aprobaron otorgar 200 pesos en calidad de préstamo a las autoridades locales[xxvii].

Las campañas de vacunación se hacían de manera periódica, con la intención de evitar una tragedia similar a la sufrida en la población de Atotonilco en 1841. Gobierno del Estado remitía a cada partido una cantidad establecida de 'vidrios' para inocular, cuyo costo era satisfecho por las arcas municipales.[xxviii]

A su vez, las autoridades municipales hacían lo posible por transmitir el costo de la vacuna a la población; y a manera de gastos de recuperación solicitaban una cooperación monetaria a la comunidad, sin embargo la satisfacción de dichas cuotas no era obligatoria, según reza el siguiente anuncio público que realizara José Arcadio Lujan, jefe político del cantón Jiménez, a su población:

> ...Desde el día de mañana, 4 del corriente, se comenzará a administrar la vacuna en la sala consistorial desde las 4 de la tarde hasta ponerse el sol.

La pensión que ha de pagar a la persona que ha de practicar esta operación será la de un real por cada niño, los que tengan proporción de pagarlo, y los que absolutamente no tengan será de gratis[xxix].

Las campañas de vacunación continuarían a lo largo del siglo. Durante el último lustro del siglo XIX los infantes eran vacunados de forma periódica y regular. Las campañas de vacunación se controlaban de acuerdo a las inscripciones de nacimiento en los libros de actas del registro civil. Durante 1895, por ejemplo, se registraban de 30 a 50 nacimientos (recordemos que la villa de Jiménez desde entonces era cabecera municipal) al mes y se vacunaban alrededor de 25[xxx].

La cuestión de los cementerios

Las inmediaciones de las iglesias hacían a la vez de camposantos, sin embargo quienes habitaban las moradas adyacentes a las iglesias experimentaban problemas sanitarios cuando los cadáveres ahí inhumados entraban en proceso de descomposición. El 27 de agosto de 1826, Gregorio Blanco, alzó la voz en nombre suyo y de sus vecinos inmediatos, ya que al situarse sus viviendas colindantes con la iglesia "experimentaban olores pútridos" y manifestaban una preocupación ante la posibilidad de que se "infecten nuestras familias y todo el pueblo," En la mencionada misiva solicitaba, el señor Blanco, a las autoridades locales su intervención para que dieran orden y aviso al cura para que este no permitiera la sepultura "sea la persona que fuere" en los terrenos del templo[xxxi].

En la capital del estado, el gobernador, Simón Elías, permanecía alejado de tal problemática, cuando en su circular numero 36, con fecha de octubre 23 de 1826, ordenaba la inhumación de los cadáveres de los párrocos en sus respectivas parroquias[xxxii].

Tal vez los terrenos destinados a la sepultura de difuntos eran costosos, tal vez los párrocos pedían cuotas elevadas, tal vez ambas cosas; sin embargo los jimenenses con menores recursos no podían costearse un funeral 'digno' ante los ojos de las autoridades eclesiásticas y recurrían a prácticas ilegales.

En una carta dirigida a don Luis Estavillo, jefe político del Cantón Jiménez; el párroco local, Pedro Gándara expuso como muchos jimenenses optaban por sepultar de manera clandestina a sus difuntos en terrenos del camposanto. "A hurtadillas", improvisados enterradores irrumpían en las inmediaciones del cementerio amparados bajo el oscuro manto de las tinieblas nocturnas, la premura con la que precisaban actuar para reducir la probabilidad de ser descubiertos por el mayordomo local, impedía que las sepulturas fueran de la profundidad adecuada, ocasionando problemas sanitarios una vez que los cuerpos entraban en proceso de descomposición; otra práctica consistía en profanar sepulcros ya existentes, sustraer los cuerpos putrefactos y reemplazarlos con los restos del familiar o amigo del profanador, para después dejarlos a ras de tierra. Otros optaban por simplemente abandonar los cuerpos de sus difuntos en las inmediaciones de la iglesia "como se abandona a un perro[xxxiii]". Es fácil notar como los cementerios podían constituir un foco de infección; los cuerpos abandonados al aire libre se presentaban como amenazas sanitarias, pues al corromperse desprendían olores fétidos y atraían plagas, insectos y demás animales carroñeros facilitando la propagación de enfermedades como la peste, todo esto en perjuicio de los vecinos de la villa.

La situación del panteón de la villa de Jiménez solo empeoró con el tiempo. A finales del siglo XIX, en 1896, el presidente municipal, Salvador L. Mallen expuso en sesión de cabildo que

> ...hace algún tiempo que con urgencia se está haciendo sentir la necesidad de sustituir con un nuevo panteón el que actualmente está abierto al servicio público por no ser posible cavar ya en él una fosa sin encontrar multitud de restos humanos pues tal es la aglomeración de cadáveres que en el existe[xxxiv].

El nuevo panteón se inauguro el 5 de mayo de 1898.

Medidas higiénicas

Desde 1837 el gobierno municipal realizaba esfuerzos por mantener a la villa dentro de márgenes de limpieza aceptables. En sus bandos de buen gobierno, las autoridades locales ordenaban a los vecinos limpiar y regar los frentes de sus casas de manera periódica *('todos los domingos y días festivos a las 6 de la mañana')*. Prohibían arrojar a las calles basura, agua sucia, 'inmundicias', cenizas y escombros, destinando para este fin basureros y las aguas del Rio Florido. Para mantener el aire que se respira en la villa en un 'estado saludable' se prohibía quemar deshechos dentro de la demarcación del poblado. Como se ha mencionado con anterioridad, las viviendas recibían agua a través de un sistema de acequias que surcaban la ciudad, para conservar la calidad del agua dentro de un límite recomendable para el consumo humano, las autoridades prohibían a los vecinos del poblado lavar ropas, enjuagar tintes, cueros o limpiar desechos artesanales en las acequias[xxxv].

En 1867, otro bando de policía y buen gobierno habría de confirmar y complementar al anterior con las siguientes medidas:

- Todo vecino está en la obligación de conservar limpias las calles, haciendo que los frentes, espaldas y costados de sus casas primero se rieguen y enseguida se barran, cuya operación deberá estar concluida para las siete de la mañana en verano y para las ocho en invierno el jueves y domingo de cada semana; y que las basuras se recojan y conduzcan a los puntos que se ordenen por la autoridad política. La falta de cumplimiento a este artículo será castigada con la multa de cuatro reales a dos pesos por la primera vez y se aumentara en caso de reincidencia.
- Desde la publicación de este bando todos los vecinos en cuyas casas hubiera caños que conduzcan aguas sucias a las calles, o que derramen en las acequias de esta población, los mandarán segar y en lo sucesivo mandarán llevar dichas aguas fuera de ella al lugar designado por la autoridad política, a la hora de la noche que crean más conveniente, después del toque de queda y antes de la madrugada del día siguiente. Las infracciones de este artículo serán castigadas con multas de dos reales a diez pesos.
- Se prohíbe como contrario a la decencia, a la moral e higiene pública el repugnante abuso de satisfacer en las calles y sitios públicos las exigencias corporales y arrojar en ellos toda clase de inmundicias, bajo la pena de pagar de uno a doce reales de multa, encargándose bajo la misma pena a los padres y madres de familia, tutores y curadores de menores y a los maestros y maestras de escuela cuiden de que los niños y niñas que tienen a su cargo, se abstengan de cometer las insinuadas faltas.

En 1892, las autoridades estatales enviaron a los diversos municipios del territorio chihuahuense un ordenamiento con una seria de prevenciones higiénicas, con la intención de evitar enfermedades y complicaciones sanitarias (ver ilustración 1). Entre las que destacan las prohibiciones de contaminar el flujo de las aguas que surquen la población; y se dictan medidas para regular construcción y características que deben presentar las letrinas. Los infractores incurrirán en una multa que oscila entre uno y cien pesos[xxxvi].

El sacrificio de animales para consumo humano se realizaba sin seguir ningún tipo de medida sanitaria, si bien las autoridades destinaban para tal acto lugares específicos, estas no supervisaban el modo ni la limpieza con que matarifes efectuaban su oficio; a pesar de que recibían un pago por concepto de derecho de sacrificio por cabeza de ganado. Las autoridades locales en 1897, decidieron dotar a la próxima Ciudad Jiménez de un nuevo rastro, ya que el anterior se estimaba *"una amenaza constante y peligrosa a la salubridad pública por encontrarse próximo a la población y carecer en absoluto de las condiciones higiénicas que se requieren"*. La iniciativa fue aprobada por unanimidad en el cabildo municipal y ratificada por las autoridades estatales. El nuevo rastro estaría diseñado de acuerdo a tecnología de punta, desarrollada en los Estados Unidos, y se contaría entre los más modernos del norte de la República Mexicana. Se construiría sobre un terreno de 2500 metros cuadrados, cedido por un terrateniente local, Marcos Russek (ver ilustración 2).

El nuevo rastro municipal sería destinado para el sacrificio de ganado vacuno, porcino y caprino y planeaba recibir 50, 25 y 12 centavos, respectivamente, por cabeza sacrificada. Para el primero de enero de 1898 fue aprobada la inauguración del rastro. El otrora real presidio de Santa María de las Caldas experimentaba un proceso de modernización en la antesala del siglo XX, y la construcción del nuevo rastro era solo un indicador más de lo anterior.

Ilustración 1: Prevenciones higiénicas, 1892.

EL C. GOBERNADOR DEL ESTADO

En acuerdo de hoy, ha tenido á bien aprobar las siguientes prevenciones higiénicas.

1º Todos los habitantes de la ciudad deberán asear y mantener rigurosamente limpios, dentro del término de ocho días contados desde esta fecha, los patios, corrales y demás departamentos de sus casas, que lo requieran.

2º Se prohíbe acumular basuras en la vía pública. Los dueños ó encargados de mesones, hoteles, talleres, fábricas y demás establecimientos públicos, las depositarán al N. E. de la población en el lugar que se les designe por la Inspección de policía.

3º Ninguna persona podrá aglomerar basuras en terrenos de su propiedad.

4º Por ningún motivo se emplearán las basuras para levantar el piso de la vía pública y de las casas ni tampoco para cegar acequias ó zanjas.

5º Es eminentemente insalubre el sistema de inodoros usados actualmente en la Ciudad, por dar origen constantemente á emanaciones gaseosas nocivas á la salud y á la saturación del suelo por materias orgánicas, en descomposición, que mantienen un foco permanente de infección, en consecuencia se previene que dentro de seis meses todos los propietarios mandarán desocupar las fosas ó depósitos de materias fecales que hoy sirven de inodoros y se sustituirán por depósitos movibles trasportables, según el modelo aconsejado por la Junta de Salubridad y que existe en la Secretaría del Ayuntamiento á disposición del público.

6º Mientras no se dé cumplimiento á lo mandado en la anterior, se deberán desinfectar los inodoros con sulfato de cobre 5 partes por metro cúbico hasta que á juicio del inspector respectivo no haya peligro para la salubridad.

7º Las fosas destinadas á inodoros que alcancen por su gran profundidad la capa de agua subterránea serán cegados inmediatamente.

8º Igualmente serán cegados aquellos inodoros que según el inspector de Salubridad sean un peligro eminente para la salud pública.

9º Se prohíbe usar el agua del río en el trayecto que recorra dentro de la población, para baños y lavaderos, todas las personas que se dedican al lavado de ropa sucia, lo harán precisamente en la parte de río que está situada abajo de la población.

10º Las infracciones á las anteriores disposiciones así como la falta de cumplimiento á lo prevenido se castigará con multa de 1 á 100 pesos y ocho días á un mes de reclusión.

Y lo trascribo á vd. de orden superior, para su más exacto cumplimiento.

Chihuahua, Septiembre 20 de 1892.—*Tomás Hernández*, Oficial Mayor E de Secretaría.—Al C. Jefe Político de...

Imp. del Gobierno

Fuente: AHMJ, Bulto 1892, carpeta 'prevenciones higiénicas'.

Ilustracion 2: Croquis del nuevo rastro municipal, 1897.

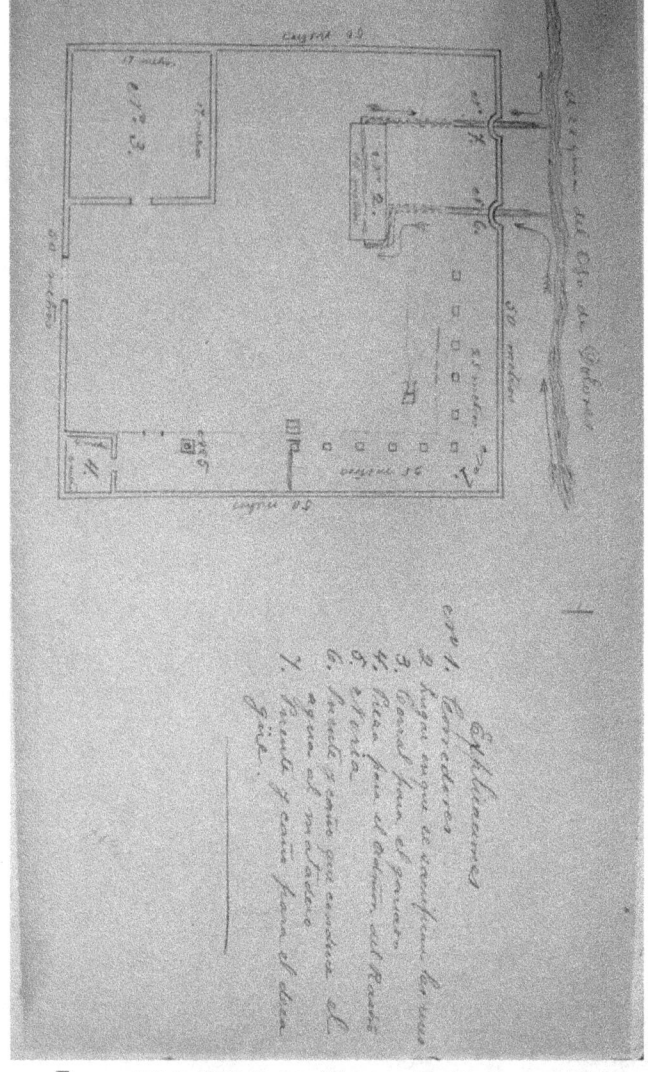

Fuente: AHMJ, 1897. Carpeta "Construccion del nuevo rastro".

Educación

Durante el régimen colonial el acceso a la educación era un privilegio lejano para el grueso de la población novohispana. Diferentes órdenes religiosas se repartieron el monopolio en impartición educativa sin que las autoridades políticas manifestaran el menor empacho. Para los más, la única instrucción que recibieron en su vida se limitó a los preceptos que del catecismo católico se desprendían; ya que sobre estos descansaba el conjunto de normas que regulaban los comportamientos propios y aceptables de la 'gente decente'. Muy pocos habitantes pudieron aspirar a conocer los rudimentos de la escritura, ya que estos solo se encontraron al alcance de unos cuantos. Con excepciones, únicamente los miembros del clero y de la elite político-económica pudieron elevar sus conocimientos por encima de la doctrina católica y el alfabeto: por un lado los institutos, colegios y universidades reservaban para estos grupos sus limitados asientos; y por otro lado, únicamente los miembros de estas clases contaban con los medios para desplazarse a y sostenerse en poblados ajenos al de origen en aras de continuar con una formación académica.

Un nuevo proyecto de nación

Lentamente, ideas emanadas de la triunfante revolución francesa se abrieron paso hasta la América hispana anidándose en las mentes de muchos de sus más brillantes hijos. Al nacer el siglo XIX, cual bola de nieve en colina, los ideales de la Ilustración eran ya una avalancha que sembró anhelos independentistas y prometía un nuevo orden social. Poco a poco, las diferentes provincias hispanoamericanas reclamaron su derecho a la autodeterminación, y durante el curso de escasas tres décadas la más vasta parte de las posesiones españolas en América era libre de escoger su destino.

La ruptura con el antiguo régimen colonial, lejos de representar dentro de los flamantes congresos la oportunidad de retomar con manos propias las riendas de lo ya establecido, trajo consigo la posibilidad de comenzar de cero, corrigiendo vicios y errores pasados. Posibilidad que fue abrazada con gran optimismo por los más liberales, ya que presentaba la oportunidad de traer justicia e igualdad a las clases antes postergadas.

Los forjadores de la neonata nación mexicana reconocieron que la educación era un factor clave para promover el desarrollo del país y sus habitantes. Lejos de situar las letras en un lugar donde solo unos cuantos podrían tener el privilegio de alcanzar, decidieron que era una necesidad primordial el llevar la educación a todos los rincones. Más importante aun, la educación de ahora en adelante descansaría sobre los hombros del estado, pretendiéndose de este modo que fuese extensiva a todos los ciudadanos.

La tarea que se avecinaba era todo un reto. Los forjadores de la nación consideraron necesario romper con el modelo educativo colonial, ya que se consideraba plagado por nociones dogmaticas e irracionales. Tratando de emular el éxito que observaban en las jóvenes repúblicas de los Estados Unidos y Francia, se llegó a la conclusión de que el progreso solo podía descansar sobre conocimientos sólidos, con base en la razón. Sin embargo, la lucha por la independencia de México había mellado los recursos del otrora pujante virreinato de la Nueva España.

Carlos María Bustamante, incansable promotor de la independencia de México y diputado por su natal Oaxaca, manifestó en varias ocasiones (entre 1821 y 1822) su preocupación por el estado de la educación en la neonata nación. Su preocupación abarcaba desde el deplorable estado de las otrora riquísimas bibliotecas novohispanas hasta el ambiente de abandono que se respiraba en la Universidad de México. Según palabras del político e historiador mexicano, catedráticos con famélicos sueldos descuidaban sus labores – noventa pesos anuales percibían aquellos que laboraban en el Colegio de las Clementinas (Staples 1985; 19)- sin que se pudiese hacer nada al respecto, ya que las arcas destinadas a la educación también se encontraban menguadas. Las autoridades mexicanas se encontraban en una situación comprometida, por un lado aun no se encontraba del todo definido el orden político-social que habría de seguirse en la independiente nación; por otro lado con la guerra y consumación de la independencia el país había perdido enormes cantidades de recursos, tanto humanos como económicos. El proyecto educativo que habría de formar a generaciones de mexicanos debería apegarse a las dos limitantes anteriores.

Con el decreto de expulsión de los españoles, muchos de los hombres mejor preparados académicamente abandonaron el país; las autoridades eclesiásticas se mostraron renuentes a colaborar en un proyecto de educación pública que amenazaba directamente su papel preponderante, además de que se mantenían fieles a la corona española y estimaban que la independencia era una fase pasajera que culminaría con la devolución del timón a Madrid. La juventud mexicana no contaba con un número suficiente de maestros y preceptores para cubrir sus necesidades educativas.

Lucas Alamán, uno de los hombres más brillantes del México decimonónico, no cesó en promover un método de enseñanza que había otorgado grandes beneficios a la juventud en Inglaterra, la India y Francia. El método era conocido como lancasteriano, o de educación mutua. De acuerdo con los preceptos de este método, un solo maestro podía hacerse cargo de una gran cantidad de pupilos a la vez. El sistema era muy sencillo: el maestro contaba con el auxilio de los alumnos más adelantados en cada materia, los educandos eran separados en grupos, cada grupo tenía frente a si a un alumno adelantado en la disciplina objeto de estudio en ese momento. Al cambiar de disciplina se reestructuraban los grupos. El método de enseñanza mutua fue bienvenido y adoptado no únicamente en México, sino en diferentes naciones del continente americano., ya que sus beneficios permitían a los empobrecidos gobiernos llevar educación a un gran número de ciudadanos a un costo muy reducido (Staples 1985; 25).

Enseñanza de primeras letras

Los ayuntamientos eran responsables de costear los gastos en materia de educación dentro de su jurisdicción, sin embargo las más de las veces esto se tornaba en una carga onerosa para sus disminuidos arcones y optaban por compartir con los padres el costo de la educación de sus hijos, además de pedir auxilio a los congresos estatales.

El gobierno del Estado de Chihuahua tampoco pasaba por un periodo caracterizado por la abundancia, no obstante, legisladores chihuahuenses decidieron impulsar la educación pública en el territorio de su jurisdicción. Nueve escuelas de primeras letras serian sostenidas y dotadas con fondos estatales, de acuerdo a una ley aprobada por el Honorable Congreso del

Estado de Chihuahua el 16 de marzo de 1826. Ni tardo ni perezoso, el 14 de junio, el ayuntamiento de Huejuquilla solicitó la consideración por parte del Congreso y se propuso como candidato para recibir dicho beneficio. Apenas dos días después, el 16, recibiría un oficio firmado por los señores Arce y Ponce de León: Los lugares donde habrían de dotarse las nueve escuelas ya habían sido determinados y, por lo mismo, no se podía acceder a la petición realizada por los jimenenses[xxxvii].

El hecho de que el ayuntamiento de Huejuquilla solicitara asistencia estatal para la dotación y sostenimiento de una escuela de ningún modo significaba que dicho poblado careciera de una. Sin embargo, la carta de renuncia que el educador Francisco Uribe dirigió al ayuntamiento refleja las paupérrimas condiciones sobre las que operaba el establecimiento educativo a su cargo. El documento indica que los padres de familia eran responsables de costear la educación de sus hijos, a un precio de 2 reales mensuales por pupilo. El señor Uribe reclamaba a las autoridades locales el que únicamente acudieran a recibir instrucción *"treinta y tantos"* de los más de cien infantes propuestos en pláticas preliminares a la aceptación del cargo educativo; mismos que habrían de proveerle con un sueldo regular mensual de mínimo 200 reales, o 25 pesos. Siendo el ausentismo un factor preocupante, el preceptor veía sus ingresos seriamente mermados. Amargamente destacaba *"la mucha morosidad y desimulo (sic) que los mas padres de los niños tienen al pagar al mes"* y atribuía tal comportamiento a *"el poco interés que tienen en que sus hijos aprendan la Ley de Dios, pues si les interesaran no dudo que cada uno por si haría el más duro sacrificio para verificar el pago de 2 reales mensuales por la enseñanza de sus hijos*[xxxviii].*"* Recalcaba que pese al ofrecimiento de las autoridades locales, quienes manifestaban ejercer sus facultades jerárquicas para obligar a los padres a pagar, había padres que debían más de 2 meses, y que la mayoría debía aun el mes inmediato anterior. Aquellos que pagaban, muchas veces pagaban en especie: maíz, chile, frijol, trigo y otras *"frioleras con las que no se viste ni se calza... ... ¿qué hombre por infeliz que sea, habrá que en un mes no consiga dos reales? Es increíble."* Por los motivos anteriores, y por la carencia de materiales educativos como cartillas, cantones y catecismos; el señor Uribe entregaba a las autoridades locales la escuela que recibiera de ellas apenas 2 meses antes, el 1 de junio. Tan compungido pedagogo concluía su carta y la signaba con fecha de agosto 12, de 1826.

A pesar de la inicial negativa estatal a dotar a Huejuquilla de un establecimiento para la enseñanza de primeras letras, el ayuntamiento no perdió las esperanzas y conservó el dedo en el renglón, ya que la escuela se encontraba desatendida y la población no contaba con los medios para sufragar sus propias necesidades educativas.

Los recortes en materia de educación no obedecían a cuestiones locales: por decreto del Congreso Constitucional del Estado de Chihuahua, a partir del 11 de septiembre de 1826, las cátedras de gramática castellana y latina descansarán sobre los hombros de un único preceptor. Lo anterior representaba un ahorro de 200 pesos al año en sueldos, que –a costillas de la educación- refrescaba las áridas arcas del presupuesto estatal[xxxix].

Escasos cuatro días antes, el día 7 de septiembre, el señor diputado Alejandro Bagües, plasmaba las frases siguientes en un oficio dirigido al ayuntamiento local:

>...Como dije a V.S. en mi anterior oficio, tengo hecha proposición en esta A. Asamblea para la dotación de una escuela de primeras letras en ese pueblo, para cuya consecución hace todos los

esfuerzos que nos fueron posibles y no desconfío de que se vean realizados nuestros deseos en beneficio de esa recomendable juventud[xl].

Alimentando de este modo la esperanza optimista de los habitantes del antiguo presidio.

El día 13 del mes siguiente, en misiva rubricada por el ciudadano Simón Elías y el señor Ponce de León, se hace saber a las autoridades locales que *"el Honorable Congreso penetrado de los vivos deseos que le animan para que se lleve a cabo la enseñanza de la juventud"* ha destinado que se levanten nueve escuelas costeadas por fondos del estado; sin embargo, explica también que dichas escuelas serán destinadas para la alta tarahumara y otras zonas cuya pobreza de sus habitantes así lo requiera. Declinando de este modo la petición del diputado Alejandro Bagües, quien había solicitado la construcción de una de las nueve en el puerto de Huejuquilla. La misiva en cuestión, no solo rechazaba la solicitud hecha por el señor Bagües al congreso en nombre, y para beneficio, de la juventud del antiguo presidio; sino que además ordenaba y exigía al ayuntamiento local, la construcción y dotación a la mayor brevedad posible del requerido establecimiento educativo de primeras letras. En un arrebato final de generosidad, se añade que en caso de no contar el ayuntamiento con un "fondo seguro para mantenerla" entonces debería gestionar ante el congreso "los arbitrios necesarios para los fines que se indica[xli]." Tal era la primera piedra que habría de pavimentar el tortuoso camino de un constante estira y afloje entre las autoridades –preocupadas por rubros más importantes y apremiantes- y los mendigantes apóstoles de la educación de Huejuquilla.

La lamentable situación prevalecía en el poblado; de 85 niños inscritos en los registros de la escuela únicamente asistían 49, de acuerdo al oficio presentado el 8 de marzo de 1827 por el señor Cristóbal De la O, sucesor del malogrado profesor Francisco Uribe. El Señor De la O también solicitaba se hiciese efectivo el derecho al "chorro de agua,[13]" necesaria para satisfacer la pequeña parcela, que por alguna razón el establecimiento no estaba recibiendo[xlii]. La desesperación del preocupado preceptor fue tal, que el 9 de mayo, presentó al presidente del Ayuntamiento, Don Pedro Vélez Cossío, una lista con los nombres de los padres de familia cuyos hijos no asistían a recibir su instrucción primaria para que fueran obligados a enviar a los niños a la escuela[xliii].

El Señor Cristóbal De la O habría de devolver la batuta a Don Francisco Uribe, sin embargo la situación continuaba de mal en peor: en misiva con fecha de noviembre 2 del mismo año, el señor Uribe manifestó experimentar los mismos problemas que un año atrás, solo que agravados: únicamente 10 de los cerca de 40 infantes registrados acudían a recibir instrucción. El Señor Uribe manifestó la imposibilidad de proveerse de un medio de subsistencia bajo esas circunstancias, y fijó un ultimátum: el pedagogo otorgó 8 días para que las autoridades correspondientes ejecutaran las medidas necesarias para que acudieran los inconstantes alumnos o cierra la escuela y se dedica otra cosa. El señor Uribe manifestó *"medio subsistir"* con los 18 pesos mensuales que su oficio de carpintero le reportaba, y se declaró incapaz de hacerlo con los doce que en esos momentos le producía

---

[13] No existía un sistema de tuberías en el joven poblado: la distribución del líquido se hacía por medio de acequias que surcaban la población. Pequeñas compuertas se abrían o cerraban, según fuera el caso, para dirigir el cauce hacia cierta sección del asentamiento, donde el líquido habría de refrescar las necesidades de los circundantes durante cierto tiempo, para después cortar el flujo y redirigirlo a otra sección, y después a otra, hasta sucesivamente satisfacer a la mayoría de los habitantes.

dedicarse a la enseñanza. Solicitó también que se asigne un regidor del ayuntamiento *"para hacer ver lo que me ocurre, pues de otra suerte no se arreglara jamás la escuela: y todo será perder el tiempo, así a los niños como yo.*[xliv]

Ciento treinta y cinco pesos fueron destinados al auxilio de la escuela de primeras letras por parte del Congreso del Estado ese mismo mes. El gesto anterior habría de repetirse en marzo de 1828, cuando el Señor José Isidro Madero, a través de la Administración General de rentas del Estado de Chihuahua, destinaba un fondo de 130 para *"fomento de la escuela de primeras letras de la villa de Jiménez.*[xlv]*"*

No es que no existiera un interés por el fomento de la educación, debemos tener en cuenta que el nuevo estado de Chihuahua y el país atravesaban por un proceso de consolidación, como consecuencia de la recientemente obtenida independencia y las implicaciones administrativas y políticas que de ella desprendían. Recordemos que aun no se determinaba un proyecto de nación con un derrotero común, implícitamente facciones encontradas tenían rubros más apremiantes por resolver, relegando así a la educación. Por otra parte, la débil tregua con los hostiles indígenas se había roto al desaparecer la administración española, y el Gobierno del joven estado de Chihuahua tenía la obligación urgente de garantizar la seguridad y protección de sus habitantes, área a la que se destinaba la mayor parte del presupuesto.

No obstante, en 1828, el gobernador José Antonio Arce y el secretario José Pascual García, preocupados por la educación de la juventud chihuahuense y convencidos de que un estado fuerte y prospero forzosamente descansa sobre los hombros de una población capaz y preparada, lanzaron una convocatoria dirigida a aquel sector de la población que contaba con una edad de entre 10 y quince años. La intención era seleccionar becarios para que recibieran instrucción en los Estados Unidos de Norteamérica, *"uno por cada partido, eligiéndose al que manifieste disposición y talento, tomándose además en consideración la mayor pobreza."* Los agraciados recibirían por parte de Gobierno del Estado la cantidad de 100 pesos anuales como gastos por concepto de colegiaturas, y seiscientos pesos para cubrir los costos de transporte. También recibirían la cantidad que la Administración General de Rentas del Estado considerara precisa para que los becarios *"se porten con regular decencia"* de acuerdo a las circunstancias del país de residencia. Una vez concluida la instrucción de los seleccionados, estos deberían retornar al estado y residir en él por un periodo mínimo de seis años, durante los cuales habían de esparcir los conocimientos adquiridos[xlvi].

Bosquejo de la escuela de la Villa de Jiménez en 1846

Imagine el lector un bodegón al que asisten de manera regular 81 infantes. 32 de ellos son ya capaces de escribir; algunos de manera corriente, otros más apenas *"están en los primeros ensayos de escritura."* Los 49 restantes están apenas en lectura y silabarios. El profesor ha recibido de las autoridades 5 mesas con sus respectivas bancas alargadas, y 7 bancos sueltos para los niños de lectura. Cada mesa admite únicamente a 3 niños a la vez, por lo que al realizar los ejercicios de escritura únicamente 15 cuentan con un espacio para verificarlo, quedando 17 sin poder hacerlo, por lo que es preciso turnarse. De los 7 bancos sueltos, 5 admiten a 7 niños cada uno; las dos restantes, al ser más cortas, únicamente admiten a seis infantes por banca. De tal modo que en un día de clases solo pueden acomodarse 62 "escuelantes" (sic), quedando en pie 19. Para colocar a estos últimos, el profesor se ha visto en la necesidad de recargar mesas y bancas, resultando de este modo un hacinamiento que dificulta la realización de los ejercicios de escritura (para ejemplos representativos de ejercicios de escritura y caligrafía ver imágenes 1-3[14]) y *"sobrecarga"* los bancos de lectura; el resultado son riñas, pleitos y pretextos para no realizar las lecciones. La escases de ingresos en la villa no permite la adquisición de material didáctico para la práctica de lecciones y ejercicios; es preciso que los alumnos más adelantados en escritura, a la usanza de los monjes medievales, dupliquen a mano los 'catecismos' que les permitirán, a ellos y a sus compañeros, avanzar en sus estudios de Urbanidad, Geografía, Aritmética y Francés. El bodegón donde se imparten las clases recibe su única iluminación a través de dos cortas ventanas, situadas en su extremo, dificultando la lectura, especialmente en los días nublados. La escuela está dotada de tierras y derecho a uso de agua, sin embargo durante los dos meses que el señor Desmares lleva a cargo del establecimiento aun no ha podido averiguar quién se está beneficiando con el uso de los mismos, ni ha podido determinar cuáles son las tierras y en qué consiste el derecho al agua, sin que nadie en la villa pueda ofrecer la menor información[xlvii].

---

[14] Las imágenes mencionadas corresponden a ejercicios de escritura y caligrafía realizados en 1849 por jóvenes estudiantes de la escuela pública del Puerto de la Cruz, en ese entonces bajo la jurisdicción político administrativa del Cantón Jiménez, hoy cabecera del municipio del mismo nombre.

Ilustración 1: Ejercicios de escritura y caligrafía

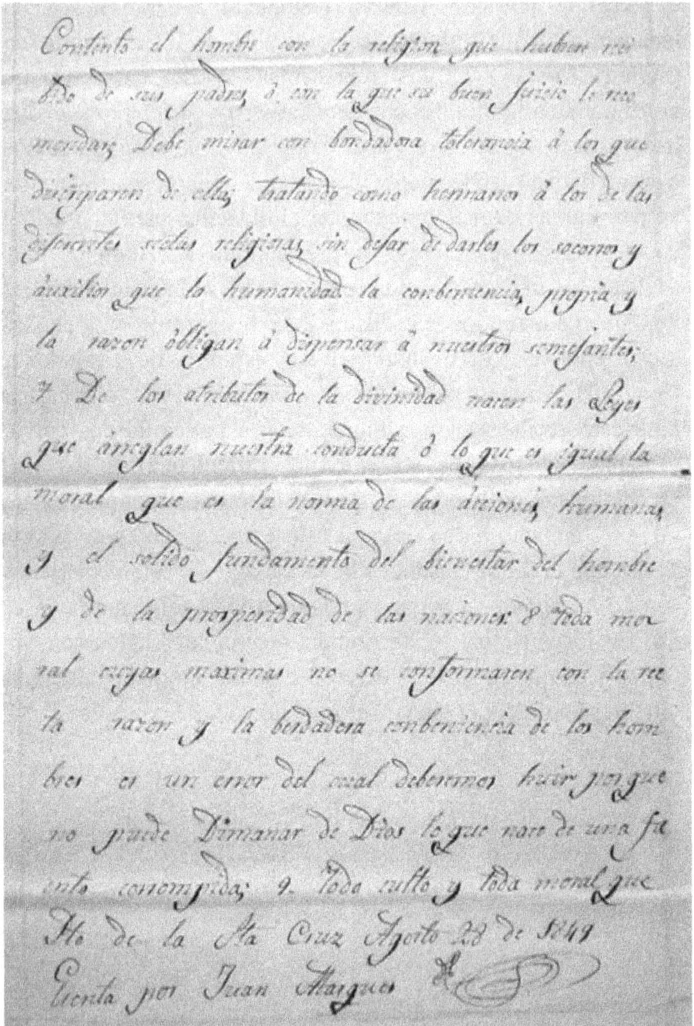

[Manuscrito:]

Contento el hombre con la religion que huberes reci
bido de sus padres, ó con la que en buen juicio le reco
mendar; Debe mirar con bondadosa tolerancia á los que
dicieparon de ella, tratando como hermanos á los de las
diferentes sectas religiosas, sin dejar de darles los socorros y
auxilios que la humanidad la conbeniencia, propia y
la razon obligan á dispensar á nuestros semejantes;
7 De los atributos de la divinidad nacen las Leyes
que arreglan nuestra conducta ó lo que es igual la
moral que es la norma de las acciones humanas,
y el solido fundamento del bienestar del hombre
y de la prosperidad de las naciones. 8 Toda mo
ral cuyas maximas no se conformaren con la rec
ta razon y la bondadosa conbeniencia de los hom
bres es un error del cual debemos huir porque
no puede Dimanar de Dios lo que nace de una fal
enta conomyida; 9 Toda culto y toda moral que

Ho de la Sta Cruz Agosto 28 de 1849
Escrita por Juan Marques

Fuente: AHMJ, Bulto 1849, carpeta 'Correspondencia con La Cruz,' Documento suelto.

Educación | 95

Ilustración 2: Ejercicios de escritura y caligrafía

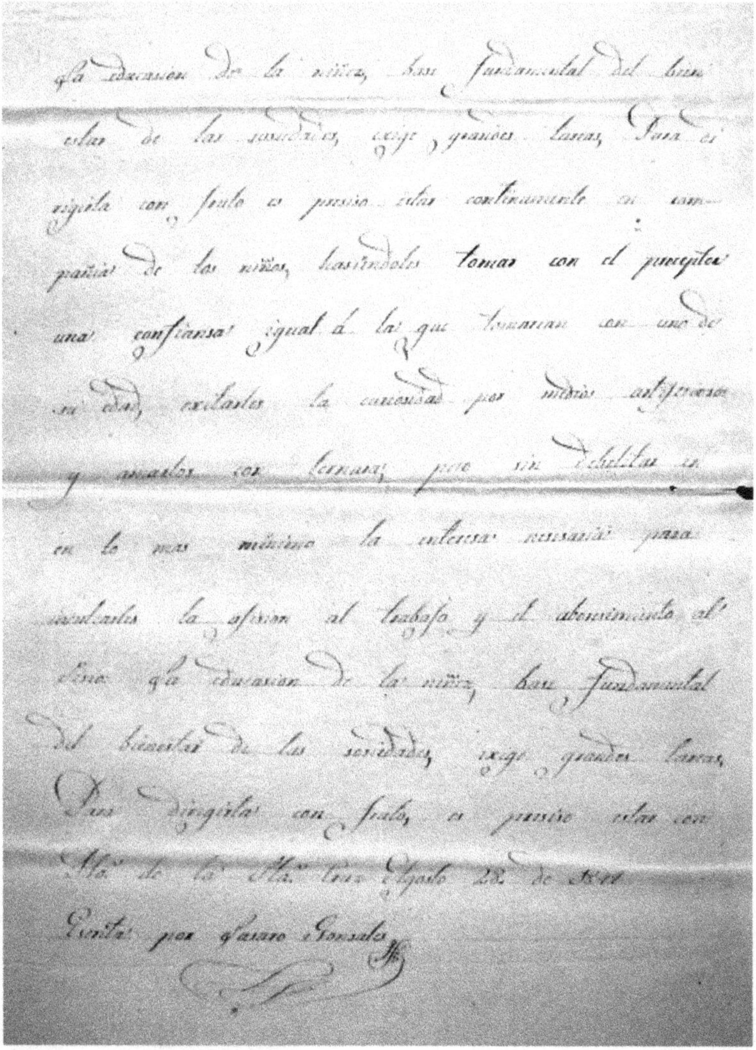

Fuente: AHMJ, Bulto 1849, carpeta 'Correspondencia con La Cruz,' Documento suelto

Ilustración 3: Ejercicios de escritura y caligrafía

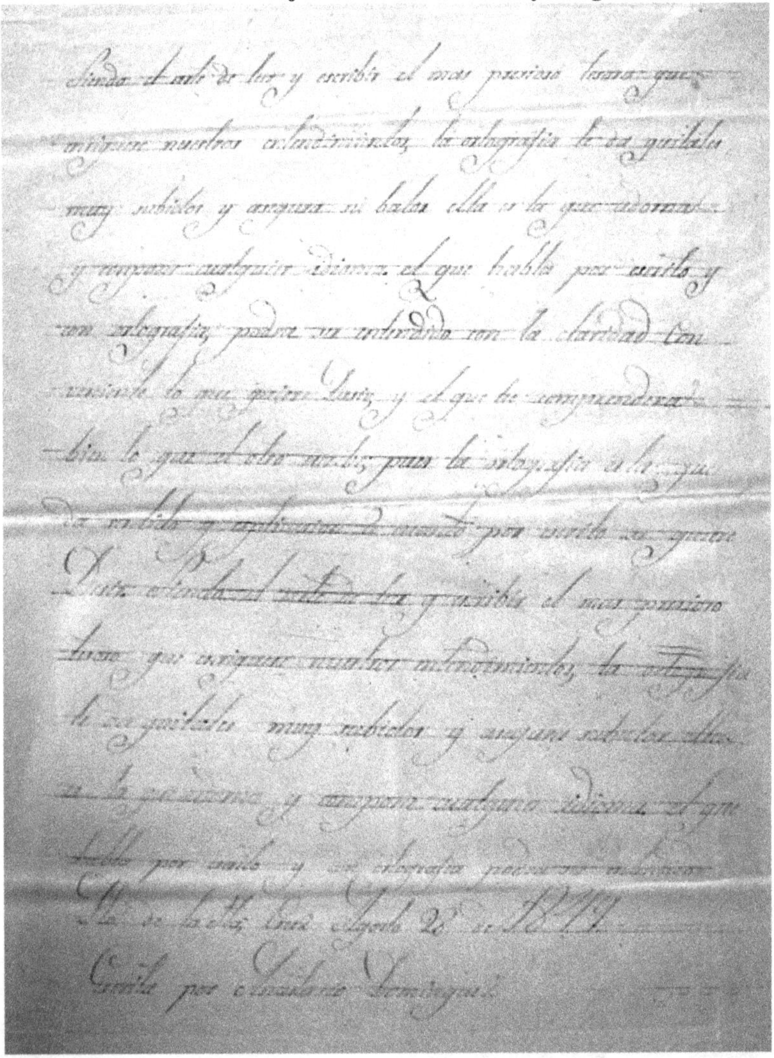

Fuente: AHMJ, Bulto 1849, carpeta 'Correspondencia con La Cruz,' Documento suelto.

La naturaleza del contenido de los escritos es singular. Tengamos en cuenta que los ejercicios anteriores tenían como única finalidad demostrar la pericia adquirida por los estudiantes en materia de caligrafía. Sin embargo los textos elegidos para la realización del ejercicio nos hablan acerca de la importancia de ciertos temas en la vida cotidiana del chihuahuense del siglo XIX. Exaltando valores morales y religiosos, el joven hijo de Francisco Márquez, labrador, Juan Márquez quien apenas contaba con 12 años de edad (imagen 1), otorgaba un valor predomínate a la doctrina católica, sin embargo predicaba tolerancia y caridad hacia "las otras sectas religiosas" y recalcaba la necesidad de apegarse las normas que "arreglan nuestra conducta" y prevenía acerca de todo aquello que nace de doctrinas corruptas.

En la imagen numero 2, Lázaro González, 12 años, huérfano que habitaba con Eulalia Jáquez (parentesco desconocido), soltera de 38 años, y los niños Mariano, José y Valeria Jáquez (7, 4 y 1 año de edad, respectivamente), exponía sus avances en la disciplina de la escritura al describir la relación de amistad y respeto que debe existir entre maestro y discípulo.

A su vez, Anastasio Domínguez, de 10 años de edad en la imagen número 3, nos describía las ventajas que se adquieren al poder hacer un uso correcto del lenguaje escrito, mediante el cultivo de las artes de la caligrafía y la ortografía.

Los indígenas: Lorenzo Vélez

Tristemente la educación no se encontraba al alcance de todos, sino que estaba reservada para la descendencia de aquellas clases que apenas unas décadas atrás gozaban de una posición favorable en la antigua escala de castas. Los indígenas se encontraban excluidos del sistema educativo, y su instrucción se limitaba a la "doctrina" religiosa impartida por misioneros. En 1849, un grupo de indígenas manifestó su inquietud por ampliar su preparación y solicitó su ingreso a la escuela de primeras letras de la villa de Jiménez. Las autoridades locales, recelosas y desconfiadas de la capacidad intelectual de los aspirantes a estudiantes, formaron una comisión encargada *"para calificar la aptitud de los indios que solicitan el destino a la escuela pública de esta villa."* Tras las deliberaciones correspondientes, el 27 de octubre, la comisión encabezada por el señor Gregorio Ojinaga y el señor José Villareal, decidió *"darle la preferencia al C. Lorenzo Vélez por considerarlo con más capacidad*[xlviii]*."* Lorenzo Vélez, era un viudo de 39 años, vecino del "pueblo de indios" de San Buenaventura de Atotonilco[xlix] y formaba parte del 4% de los habitantes de dicho poblado capaces de leer y escribir[l].

¿Conchos o tarahumaras?

"Razón que se ha podido adquirir del antiguo idioma que se uso en este pueblo desde antes de las conquistas por los españoles hasta principios de este siglo en que se ha ido extinguiendo por las mezclas que se introdujo del castellano[li]*"*

Fue el encabezado que Pablo J Caballero plasmó, el 30 de noviembre de 1857, sobre un documento dirigido, en respuesta, al jefe político del Cantón Jiménez. El señor Caballero, nativo del poblado indígena de San Buenaventura de Atotonilco había sido comisionado por Don Francisco Estavillo, jefe político del Cantón Jiménez, para conformar una relación de usos lingüísticos y palabras propias de los antiguos moradores de esos lares.

La iniciativa surge del Ministerio de Fomento, mismo que a través de la Secretaria de Gobierno del Estado de Chihuahua hace llegar una circular, con fecha de octubre 26 de 1857, a las diversas jefaturas de Partido.

La mentada circular reflejaba un deseo e iniciativa por parte de las autoridades con sede en la capital del estado por conocer los usos y costumbres de las diversas etnias oriundas de la joven entidad.

Pocos lugares tan ad-hoc como el poblado de San Buenaventura de Atotonilco para recabar la información requerida. En 1619, misioneros españoles pertenecientes a la orden de San Francisco de Asís se unieron y organizaron a un grupo de indígenas que habitaban las riveras del Río Florido, afluente del alguna vez caudaloso río de cuyo nombre se desprendía el nombre de los nativos mencionados. Se estima que los exploradores coloniales encontraron grandes cantidades de conchas en las orillas de un gran río, al que denominaron Río de las Conchas. También encontraron grupos humanos semi nómadas, establecidos a lo largo de las márgenes de dicho rio. Indígenas pacíficos, en comparación con sus vecinos los Tobosos y Gavilanes -belicosos y sanguinarios como sus primos los apaches- se dedicaban a la pesca, caza y recolección; como muy poco se sabía de esta etnia, los misioneros los identificaron como indios Conchos. Los primeros años de vida de la misión franciscana fueron intranquilos gracias a los constantes embates de indios Gavilanes y Tobosos quienes en más de una ocasión estuvieron a punto de lograr la desaparición del asentamiento.

Sin embargo, la misión se transformaría en un poblado que habría de evolucionar paralelo y bajo la sombra y protección del Real Presidio de Santa María de las Caldas: en 1777, de acuerdo al padrón levantado en la región por las autoridades coloniales, contaba ya con 370 habitantes. La composición étnica del poblado, a casi 150 años de su fundación, era predominantemente indígena (82%), mulatos y mestizos sumaban el 18% restante; únicamente un europeo habitaba el lugar: el doctrinero (sic) Don José Balbín, de 38 años de edad, oriundo de los Reinos de Castilla (ver figura 1).

De los enigmáticos indios conchos muy poco se sabe hoy en día; sus principales concentraciones se situaban en dos misiones: La misión de San Francisco de Conchos (que conserva su mismo nombre y se localiza a escasos 10 km de Ciudad Camargo, Chihuahua) y unos 80 km al sur, la Misión de San Buenaventura de Atotonilco, ambas a cargo de religiosos pertenecientes a la orden de San Francisco de Asís. Asentamientos menores existieron a lo largo de las riveras del rio Conchos y sus afluentes. Escasos documentos históricos hacen alusión a los indios conchos y su cultura; además del desarrollo y evolución de las misiones mencionadas, se tiene un conocimiento insignificante acerca del origen de esta etnia, se ignoran sus usos y tradiciones, se desconoce si contaban con una lengua particular. Únicamente se puede especular y considerar a los conchos como el segundo grupo indígena, semi nómada y pacifico, después de los tarahumaras, con quien el colonizador español entro en contacto al poner pie en las tierras que hoy comprenden el estado de Chihuahua.

Figura 1: Composición étnica de los habitantes de Atotonilco en 1777

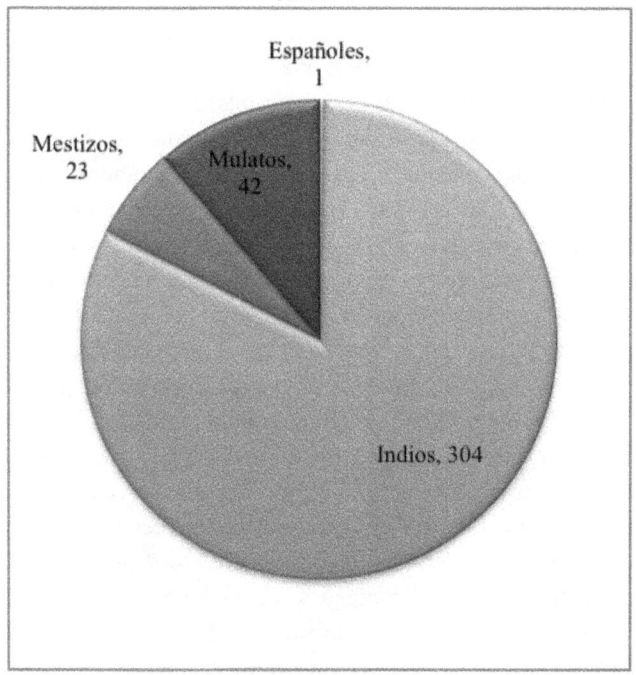

FUENTE: "Padrón 1777" Archivo Histórico Municipal de Cd Jiménez. Caja S XVII, carpeta '1777'

El documento mencionado al principio de este encabezado incluye una serie de vocablos y frases cortas redactadas en la lengua utilizada por los habitantes de la antigua misión (ver ilustraciones 4 y 5). Al analizar su contenido se cayó en la cuenta de que el idioma plasmado en el manuscrito correspondía al propio utilizado por los indios denominados tarahumaras. Lo que en un principio prometía arrojar luz descubridora sobre la sombra que envuelve a los conchos y, cuando menos, esclarecer dudas acerca de su hasta ahora desconocido lenguaje únicamente introdujo nuevas interrogantes.

De manera concluyente, el documento establece que en San Buenaventura de Atotonilco se hablaba el idioma de los tarahumaras, sin embargo era un poblado nacido gracias a la labor realizada por religiosos franciscanos sobre indios denominados conchos. Tal vez los enigmáticos conchos abandonaron su propio idioma para adoptar la lengua tarahumara -ya que solía suceder que ocasionalmente los misioneros atrajeran indígenas tarahumaras a sus dos misiones,- aunque posible, la situación se antoja improbable ya que normalmente el recién llegado, al ser minoría, tiende a adoptar el lenguaje del foro, en un proceso de adaptación y asimilación. O tal vez la lengua 'tarahumara' fuese también la lengua propia de los conchos, lo que podría suponer que conchos y tarahumaras no eran sino dos tribus pertenecientes a la misma etnia, y no dos etnias independientes como se tenía estimado. En tiempo colonial dos órdenes religiosas 'competían' por los indígenas chihuahuenses en su labor evangelizadora, la Compañía de Jesús operaba predominantemente en la zona occidental del estado, la parte montañosa conocida como la sierra; mientras que la orden de San Francisco de Asís dirigía sus esfuerzos a los valles y llanuras. Consecuentemente, los jesuitas atendían a los tarahumaras y los franciscanos a los conchos. Quizás, jesuitas y franciscanos utilizaron simultáneamente nombres diferentes para referirse a miembros de un mismo grupo étnico que habitaba las áreas correspondientes a cada orden. El enunciado anterior es reforzado por el manuscrito de marras, mismo que manifiesta que el idioma hablado en el antiguo poblado ribereño de indios conchos es aquel idioma hablado en las cumbres de la sierra por indios tarahumaras. Quizás podríamos comenzar a considerar a conchos y tarahumaras no como ramas distintas de un mismo árbol, sino como brotes o retoños de la misma rama.

Ilustración 4: Relación de palabras Indígenas –detalle-

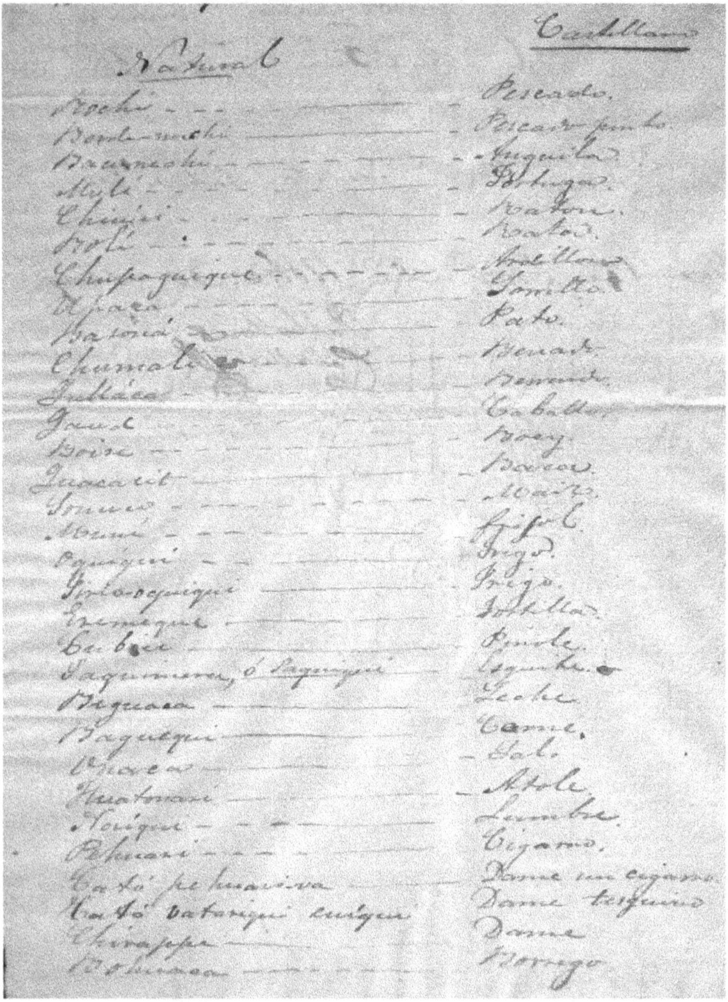

Fuente: AHMJ, Bulto 1857, Correspondencia con Atotonilco, documento suelto.

Ilustración 5: Relación de palabras Indígenas –detalle–

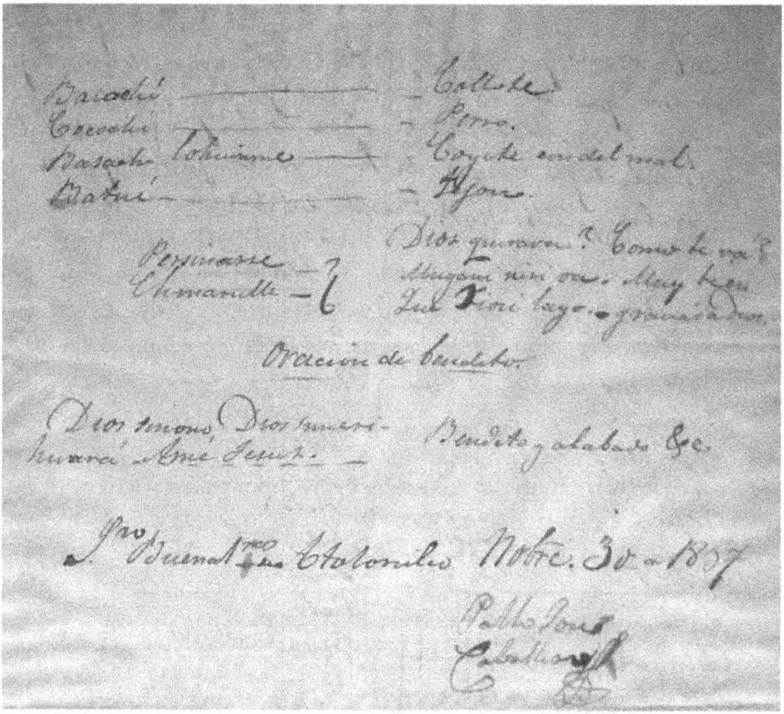

Fuente: AHMJ, Bulto 1857, Correspondencia con Atotonilco, documento suelto.

Desarrollo del sistema educativo

Para 1867 la villa de Jiménez contaba ya con 2 establecimientos educativos. De manera voluntaria, un grupo de vecinos de la villa se comprometió ante las autoridades políticas del lugar, a hacer su obligación el aportar una cantidad para proveer el sostenimiento tanto de los establecimientos como de su director. Los pagos deberían verificarse de manera trimestral y sumaban más de 500 pesos. El 20 de enero, el jefe político y comandante militar del Cantón Jiménez, Don Jesús Portillo dio fe e hizo oficial el compromiso de los 60 ciudadanos (cuadro 1) que decidieron tomar la educación en sus propias manos[lii].

Cuadro 1: Ciudadanos que se comprometen a sostener los gastos educativos de la villa de Jiménez en 1867.

Nombre	Cantidad	Oficio
Agustín Cordero	$3.00	Comerciante
Agustín Morales	$0.50	Zapatero
Andrés Rentería	$0.50	
Ascensión Salcido	$1.00	
Avelino Chávez	$120.00	
Benigno Jordán	$3.00	Labrador
Benigno Urías	$1.00	
Cándido Montes	$1.23	
Crisanto Castillo	$0.75	
Diego Marín	$0.25	
Domingo Mendoza	$1.00	
Eduviges Durán	$1.00	Jornalero
Esteban Moreno	$1.00	Pintor
Fabián Acosta	$2.00	

Filemón Cano	$6.00	
Francisco Arellanes	$3.00	
Francisco Jordán	$2.00	Labrador
Francisco Limas	$0.25	Obrajero
Francisco Luján	$1.50	Sastre
Francisco Martínez	$4.00	Zapatero
Francisco Ochoa	$0.27	
Francisco Ronquillo	$1.50	Zapatero
Gregorio Holguín	$3.00	
Gregorio Soto	$3.00	Comerciante
Gregorio Valle	$0.50	
Guadalupe Jiménez	$3.00	Zapatero
Ignacio Hernández	$0.50	Labrador
Jesús Cobos	$1.50	Labrador
Jesús Cortez	$3.00	Labrador
Jesús Gabaldón	$18.00	
Jesús Portillo	$48.00	Labrador
Jesús Silva	$2.00	Labrador
Jesús Valenzuela	$6.00	Jornalero
José María Cordero	$36.00	Músico
José Rivera	$2.00	Carpintero
Juan Alarcón	$3.00	
Juan Gutiérrez	$3.00	Labrador
Juan Holguín	$1.00	Jornalero
Juan Moreno	$3.00	Carpintero
Juan Muela	$2.00	
Juan Sáenz	$0.25	
Julián Mendoza	$1.00	
Julián Montes	$0.25	
Lucio Villa	$0.50	Jornalero
Luis Chávez	$6.00	
Luis Terrazas	$120.00	
Macedonio Jordán	$2.00	
Manuel de la O	$1.00	
Manuel Tejada	$3.00	
Manuel Valverde	$6.00	Labrador

Marcelino Sáenz	$0.25	
Marcelo Mendoza	$3.00	Labrador
Mariano Gabaldón	$24.00	
Martin Cordero	$3.00	Comerciante
Matías Guillén	$2.00	Labrador
Miguel Cobos	$7.50	Herrero
Narciso Acosta	$6.00	
Pedro Gutiérrez	$6.00	Carpintero
Saturnino Urías	$12.00	
Silverio Durán	$12.00	Carpintero
Simón Salcido	$6.00	Labrador
Víctor Flores	$1.00	
Total	**$516.00**	

Fuente: ahmj, bulto 1867, carpeta 'establecimiento primario'

Los desprendidos ciudadanos provenían de diferentes estratos sociales y sectores productivos. Al ser un poblado cuya economía estaba regida por las actividades agrícolas era natural suponer que el grueso de las contribuciones provenía de labradores, sin embargo en la lista podemos encontrar tanto artesanos como a comerciantes. La generosidad no era exclusiva de padres de familia preocupados por la educación de sus pequeños, ya que numerosos contribuyentes eran solteros (y presumiblemente sin descendencia). El gesto es más significativo si tomamos en cuenta la voluntad manifiesta al mostrarse dispuestos a colaborar con tan noble causa de acuerdo a la posibilidad económica de cada individuo, los hubo quienes contribuyeron con apenas unos cuantos centavos así como quienes contribuyeron con cientos de pesos.

El fondo recaudado serviría para satisfacer las necesidades de mantenimiento y útiles escolares de los establecimientos además de proveer de un sueldo a al menos dos profesores (uno para varones, otro para jovencitas), cuyos salarios se estimaban en 15 pesos fijos pagados por el gobierno municipal para satisfacer lo correspondiente a la educación de los vástagos de las clases menesterosas, mas una cuota variable, por cabeza, establecida por la junta correspondiente y asignada a cada padre de familia de acuerdo a sus posibilidades económicas.

Para 1884 la estabilidad nacional producto del porfiriato también se reflejaba en el rubro de la educación. La villa de Jiménez contaba con una institución de educación pública y tres privadas cuyo desempeño era supervisado por el Ayuntamiento y el Ministerio de Instrucción Primaria[liii].

La 'Escuela Pública de Instrucción Primaria' atendía a 56 varones, de los cuales únicamente asistían 44 de manera regular. 32 eran menores de 10 años y 24 superaban dicha edad. Los estudiantes recibían lecciones de lectura, escritura, gramática, aritmética, sistema métrico decimal, moral, historia, dibujo, esgrima y gimnasia –como actividad física. Para su funcionamiento contaba con un presupuesto anual de 396 pesos para sueldos y salarios y de 80 pesos para textos y material didáctico, los cuales eran producto de "sus propios arbitrios y de la intervención del gobierno".

El "Establecimiento Particular de Instrucción Primaria" ofrecía lecciones de lectura, escritura, gramática, aritmética y moral al sexo masculino. Se desenvolvía sobre un presupuesto anual de 81.13 pesos para sueldos y salarios que se satisfacían a través del cobro de colegiaturas. En este establecimiento se atendían a 11 alumnos, de los cuales 2 eran menores de 10 años de edad, quienes como actividad física realizaban paseos por los alrededores de la escuela.

La villa de Jiménez contaba también con una academia particular de instrucción primaria para niñas. Aquí se impartían lecciones de lectura, escritura, gramática, aritmética, ortografía, doctrina cristiana, historia sagrada y "toda clase de labores de manos." El presupuesto de 125 pesos anuales cubría los gastos de la preceptora que atendía a 20 señoritas, 11 de ellas mayores de 10 años de edad.

El cuarto establecimiento era de carácter mixto y obtenía los 90 pesos requeridos anualmente por su preceptor a través de las subvenciones realizadas por los padres de familia. Prestaba sus servicios a 11 infantes: 2 varones y 9 jovencitas; quienes recibían instrucción en las áreas de lectura, escritura, gramática, historia sagrada, lectura cristiana y "labores de manos."

A 11 años después, el presupuesto y el apoyo a la educación había dado grandes pasos. La currícula escolar había dado un gran giro y apuntaba hacia el próximo siglo XX. Los infantes Jimenenses recibían por parte de la Dirección General de Instrucción Publica el material necesario para afinar sus conocimientos. Dentro de los enseres educativos recibidos figuran los siguientes tomos: historia patria, para 1º y 2º grado, historia universal, geografía de México, economía política, economía doméstica, cantos del hogar, El trovador de la niñez, cartillas de sistema métrico, tratado de gimnasia, de aritmética y de gramática; fabulas de "Rosas," libros de silogismos, cuadernos de escritura, colecciones de láminas e ilustraciones "El Discípulo," mapas de la República, del Estado e históricos. También recibieron una serie de consumibles entre los que figuran 300 pizarras, portaplumas, lápices, gomas, plumas, gises, silbatos, reglas, pliegos de papel, cuadernos para apuntes, juegos de geometría y reglamentos de educación[liv]. El citado material habría de repartirse entre las diferentes escuelas públicas del distrito, de las cuales 2 se localizaban en Jiménez: la Escuela para Niños y la Escuela para Niñas. Los discípulos que asistían a escuelas particulares, ya fueran administradas por civiles, ya por religiosos, satisfacían sus necesidades en cuanto a insumos a través de los bolsillos de sus propios padres.

Los 128[15] niños jimenenses agraciados por la recepción del equipo mencionado en el párrafo anterior se distribuían de la siguiente forma: 90 asistían al primer grado, 16 formaban parte del grupo de 2º grado. Los 106 jóvenes mencionados recibían instrucción básica cuanto a lectura y escritura. 15 muchachos cursaban el 3º grado y 7 asistían a las lecciones correspondientes al 4º. Ambos grupos recibían cursos de lenguaje, aritmética, geografía, ciencias naturales (física y zoología), civismo, geometría, historia patria, dibujo y caligrafía. La escuela para niños se desenvolvía bajo la dirección del señor Delfino Ríos, quien recibía 75 pesos mensuales por sus esfuerzos. El señor Ríos era asistido por Gilberto Ortíz, quien recibía un sueldo mensual de 30 pesos[lv].

La Escuela de Niñas registraba una asistencia de 130 jovencitas[16]. De las cuales 82 cursaban el primer grado, 26 el segundo, 8 el tercero y 6 el cuarto. La carga curricular en la escuela femenina incluía todas las materias descritas en el párrafo anterior además de la de moral y economía doméstica. La directora de esta institución era la señorita María Rojas, quien recibía un ingreso mensual de 100 pesos. Las señoritas Gregoria Cardona y María Olivas fungían como ayudantes y percibían un sueldo mensual de 50 y 30 pesos, respectivamente.

La villa de Jiménez contaba, en 1895, con 2 instituciones particulares dirigidas por particulares y una más dirigida por el clero[lvi].

---

[15] Esta cantidad no refleja la matricula total, sino únicamente al número de alumnos que aparecen en las listas de asistencia global y en las boletas de calificaciones.
[16] Esta cantidad no refleja la matricula total, sino únicamente al número de alumnos que aparecen en las listas de asistencia global y en las boletas de calificaciones.

Una para jóvenes, que brindaba instrucción a 20 discípulos de manera regular – a pesar de contar con una matrícula superior a los 35- y era dirigida por el señor Francisco Acosta y Plata, quien manifestaba tener una percepción monetaria variable de acuerdo a las cuotas reportadas por los padres de familia.

"La Luz" era una escuela primaria para señoritas ubicada en la Calle de Ojinaga numero 16, que dirigida por Guadalupe Holguín Díaz atendía las necesidades educativas de 18 estudiantes y quien recibía por ese concepto 18 pesos mensuales.

El párroco José Chávez indicó que el sacristán Jesús Acosta, se dedicaba en los "ratos libres" a enseñar las primeras letras a un grupo de infantes cuyo número fluctuaba entre los 25 y 17 integrantes, de los cuales únicamente 4 entregaban 50 centavos mensuales al señor Acosta, mientras que el resto recibía instrucción gratuita.

En retrospectiva, es impresionante el desarrollo en materia educativa experimentado por el poblado al girar el siglo. Durante la primera mitad del siglo XIX, la villa de Jiménez contaba con un establecimiento de educación primaria que de manera intermitente abría y cerraba sus puertas; en el que un único preceptor de manera irregular instruía a apenas unas decenas de estudiantes ("treinta y tantos"). Al culminar la centuria, la próxima ciudad Jiménez contaba con 4 instituciones establecidas –un incremento del 400%- (además de la labor educativa realizada por el sacristán) en las que se impartía educación a mas de 300 jóvenes –en proporción, un incremento del 650%.

El desarrollo académico no únicamente se manifestaba en una matrícula de estudiantes mucho más elevada o en un incremento en el número de instituciones educativas. En materia de contenido, más que significativo el giro que toma la educación a la que los jóvenes de fin de siglo se vieron expuestos, en comparación con la educación recibida por sus padres y abuelos. Lo anterior puede contrastarse de manera directa en el cuadro número 2, donde se pone en evidencia la influencia positivista tan en boga en la dictadura porfirista, caracterizada por introducir una postura más metódica, pragmática y científica, especialmente en la vida académica.

Cuadro 2: Evolución comparativa de la educación durante el siglo XIX.

	1826	1827	1846	1884	1895
Establecimientos de educación primaria	1	1	1	4	5
Profesores	1	1	1	4	7
Alumnos de asistencia regular	entre 30 y 40	entre 10 y 49	81	86	321
Carga curricular		Lectura Escritura Caligrafía Catecismo	Lectura Escritura Urbanidad Geografía Aritmética Francés	Lectura Escritura Gramática Aritmética Sistema métrico decimal Moral Historia Dibujo Esgrima Gimnasia Ortografía Doctrina cristiana* Historia sagrada* Lectura cristiana* y "toda clase de labores de manos."	Lenguaje Lectura Escritura Ortografía Aritmética Geografía Física Zoología Civismo Geometría Historia patria Dibujo Caligrafía Moral Economía domestica

*Materias exclusivas de las instituciones privadas
Elaboración propia

Los jimenenses y las guerras

La Nueva Vizcaya se encontraba alejada de la ciudad de México (ver capitulo 1). El Camino Real de Tierra Adentro, en su paso hacia Santa Fe, en el Nuevo México, era la principal vía de comunicación entre el Real Presidio de Santa María de las Caldas y el resto del mundo; el viaje resultaba largo y azaroso, encarecía el costo de bienes y mercancías y retrasaba la recepción de nuevas y avisos. Durante la época colonial, la conservación de la paz y tranquilidad en la región minera de la Nueva Vizcaya se tornó en prioridad, ya que las autoridades virreinales mostraban gran interés en mantener constante el flujo de plata hacia Madrid. A principios del siglo XIX, las etnias indígenas oriundas de la región convivían con los colonizadores en relativa paz, ya fuese mediante la labor evangelizadora y 'civilizatoria' de las misiones jesuitas y franciscanas, o mediante el establecimiento de pactos de no agresión entre las hostiles tribus nómadas. Al consumarse la independencia los pactos se rompen y en diversos poblados del neonato estado de Chihuahua se hacen sentir las furias de hordas apaches, en un principio, y comanches, ya más entrado el siglo XIX. El México decimonónico se caracteriza por una historia plagada de conflictos armados y pugnas entre facciones políticas con proyectos de nación diferentes. La distancia entre el estado de Chihuahua y el centro del país dificultaban la participación activa de los chihuahuenses en la gran mayoría de estos conflictos armados, ya que el chihuahuense difícilmente se trasladaba al ojo de la batalla y se limitaba a tomar las armas cuando la amenaza se tornaba inminente y trascendía las fronteras estatales. Lo anterior de ningún modo significa que los chihuahuenses no participaran en la vida política de la nación o gozaran de paz en su territorio. Todo lo contrario, la distancia fue únicamente el factor secundario que impedía la participación armada de los chihuahuenses en el centro de la joven República; el factor principal residía dentro del límite estatal: cual fantasmas turbas de hostiles 'indios bárbaros' asolaban regiones. Capaces de borrar del mapa rancherías y pequeños asentamientos, golpeando como relámpago cuando y donde menos se esperaban, conocedores del terreno como ninguno, las irreductibles tribus nómadas mantenían al pueblo chihuahuense en constante vigilia y desvelo. El impacto de las guerras indias frenó el desarrollo económico del estado de Chihuahua y drenó en unos cuantos lustros la bonanza de aquella que en su momento fuese una de las provincias más prosperas de la Nueva España gracias a sus generosos yacimientos minerales. El chihuahuense del siglo XIX compartía sus territorios con un enemigo cuya fiereza y persistencia no daban cuartel y limitaban su participación en acontecimientos más allá de sus fronteras estatales[17].

El periodo colonial

Durante el periodo colonial, los habitantes de Huejuquilla se mantenían al margen de los conflictos armados con otras naciones (1753-1821). Salvo ocasionales –y nada comunes– escaramuzas de 'indios bárbaros' los vecinos gozaban de una existencia pacífica y tranquila, su participación en los conflictos armados se limitaba a transmitir su apoyo moral a la

---

[17] Para una exposición minuciosa acerca del tema consultar la obra del doctor Víctor Orozco Orozco, "Las guerras indias en la historia de Chihuahua" (Universidad Autónoma de Ciudad Juárez – Instituto Chihuahuense de la Cultura; 1992).

madre patria y a contribuir de forma económica con los gastos bélicos, a veces no de grado sino a través de préstamos forzosos.

Muestra de lo anterior es el cuadro número uno, que ilustra las cantidades ofrecidas por algunos habitantes de Huejuquilla hasta el 20 de enero de 1810. Desde 1808, Napoleón I había invadido la península Ibérica para imponer en España el gobierno de José Bonaparte, tras deponer al monarca español Fernando VII. El conflicto con Francia habría de durar hasta 1814. Los fondos serian destinados a fortalecer los ejércitos de la madre patria, vapuleados por el coloso napoleónico. El citado cuadro constituye una muestra del deber patriótico experimentado en aquel distante punto, y pone de manifiesto que aquel pequeño asentamiento perdido en el desierto septentrional del virreinato de la Nueva España no permanecía ajeno ni aislado de lo que acontecía en la metrópolis.

Cuadro: 1 Lista de contribuyentes para la guerra vs Francia

José Antonio Rivera	1 peso	Pedro Heredia	1 real
Jacinto Rivera	1 peso	Rafael Herrera	1 peso
B. de la Riva	6 pesos	Crisanto Cobos	3 reales
Diego Urquijo	4 pesos	Jesús Torres	4 reales
Viviano Holguín	6 pesos	Nonato Foro	2 reales
Manuela del Fierro	3 pesos	Santiago Reyes	6 granos
Juan Ángel	2 pesos	Salvador	1 real

Gurrola		Montes	
Atanasio Islas	2 pesos	Irineo Mendoza	2 reales
Antonio Ruiz	1 peso	Juan Navarrete	1 real
Bernardo Hernández	4 reales	Juan Hinojos	1 real
Casimiro Sotomayor	2 reales	Antonio Onofre Trujillo	1 real
Lucas Grado	2 reales	Fernando Rodríguez	2 reales
Antonio Muela	1 real 6 granos	Cristóbal Ríos	2 reales
Martin Natividad	1 peso	Marcelo Rodríguez	2 reales
Doroteo Muñoz	2 reales	Servando Duarte	2 reales
Geraldo Hernández	2 reales	Antonio Mendoza	2 reales
Pedro Gutiérrez	2 reales	Remigio Acosta	2 reales
Antonio Torres	4 reales	Ramón Torres	6 granos
Vicente Olivas	1 peso	Ramón Bravo	2 reales
Dionisio Holguín	4 reales	Juan Chávez	2 reales
Lorenzo Luna	4 reales	Marcos Holguín	1 real
Juan de Dios de la Riva	2 reales	Francisco Minjares	2 reales
Francisco Cobos	1 peso	Remigio Mendoza	1 real
Simón Montes	2 reales	Nicario Ontiveros	1 real

Francisco Reyes	2 reales	Justo torres	1 real
Blas Cordero	4 reales	Manuel Meléndez	6 granos
José Manuel Martínez	4 reales	Juan Zubia	6 granos
Antonio Hinojos	2 reales	Basilio Zubia	6 granos
Mariano Guerrero	4 reales	Juan Reyes	1 real
Pedro Herrera	4 reales	Gerónimo Ortega	1 peso
Antonio Bustillos	4 reales	Nazario Salmon	1 peso
Alberto Navarrete	2 reales	José Valenzuela	1 peso
Santiago Mendoza	4 reales 6 granos	Rafael Nevárez	10 pesos
José María Ríos	2 reales	Juan José Sida	6 pesos
Mario Hinojos	1 real 6 granos	**Total**	**63 pesos, 1 real, 6 granos**

Fuente: AHMJ, Bulto 1810, carpeta 'contribución guerra España-Francia', foja 4.

Meses más tarde, el 15 de septiembre, habría de verificarse en Dolores, Guanajuato, un llamado a las armas efectuado por un párroco de nombre Miguel Hidalgo y Costilla. El hecho que hoy se conoce como "grito de Dolores" encontró eco y clamor en las provincias centrales de la Nueva España y en menor medida en algunos territorios norteños (Sonora, Coahuila y Texas) (Orozco, 2007, p. 52). Las autoridades virreinales de la provincia de Chihuahua por conducto de la jerarquía católica consiguieron despertar entre los parroquianos del futuro estado del mismo nombre un sentimiento de deber patriótico-religioso que los invitaba a permanecer leales a la monarquía peninsular.

Los futuros jimenenses, fieles súbditos de la corona española, observaron desde su bastión realista el desarrollo de la lucha por la independencia. Convencidos de que sus obligaciones hacia Dios les ordenaban apoyo incondicional al soberano despojado en Europa, contemplaron como los cabecillas insurgentes eran conducidos hasta su incorrupta provincia para recibir un ejemplar y merecido castigo. En un mensaje que ilustra lo anterior, el 21 de abril de 1811, Nemesio Salcedo y Salcedo, brigadier de los reales ejércitos, gobernador y comandante general en jefe de las provincias internas del Reino de la Nueva España. Inspector de sus tropas relegadas y de milicias. Superintendente general. Sub delegado de real hacienda y ramo de tabaco, juez conservador de este y sub delegado general de correos; dio a conocer un bando alertando a los vecinos de la villa de San Felipe (hoy ciudad Chihuahua) la llegada de un facineroso en calidad de reo:

> ...Al mismo que acaso temisteis como tirano feroz, rodeado de ladrones y forajidos, destrozando vuestros bienes, saqueando y profanando vuestros templos, atropellando la honestidad de vuestras esposas y de vuestras hijas, armando al padre contra el hijo, al hijo contra el padre, al marido contra la esposa, a la mujer contra el marido, al vasallo contra el vasallo, rompiendo los vínculos sagrados que os unen a Dios, al rey y a la patria, trastornando en fin, y confundiendo todo el orden social, todo lo divino y humano. El Dios de los ejércitos que ha querido castigar la América septentrional, sirviéndose del cura Hidalgo como de un azote más terrible que todas las plagas que afligieron al Egipto, miro con ojos de predilección a las provincias internas, no solo preservándolas de tantos males, sino

distinguiéndolas con la gloria de haber encadenado a este monstruo, a todo su ejército, a todos sus llamados generales y hecho preso de todas sus rapiñas, sin costar una gota de sangre en el momento en que estaban amenazados de la espantosa desolación; fuerza es reconocer aquí el deseo de Dios[lvii]...

El bando incluye 11 órdenes dirigidas al público en general. En resumidas cuentas, se permitía a los habitantes salir a las calles a observar la llegada de la 'plaga' insurgente siempre y cuando guardaran el orden, no dejándose inflamar por sentimientos patrióticos y agredir a los rebeldes; no portando armas ni formando turbas. Posteriormente, el día 3 de julio, Nemesio Salcedo comunicó la ejecución de la sentencia de muerte de Hidalgo, la exhibición de sus restos humanos en la plaza pública y la posterior sepultura que a estos se diera[lviii].

Aun cuando los llamados a la lucha por la independencia de la Nueva España no encontraran eco en el territorio de Chihuahua, las medidas tomadas en el centro del virreinato se hacían extensivas hasta los dominios norteños. El decreto del virrey Félix María Callejas, con fecha del veinticuatro de mayo de 1815, en contra de los insurgentes es muestra de ello. En este documento se señala que todo aquel que escondiera, apoyara y defendiera a los insurgentes, sería castigado con la pena capital; sufriría también la confiscación de todos sus bienes. La amenaza se extendía incluso a aquellos simpatizantes del movimiento libertario que sin tener contacto directo con los protagonistas militares o intelectuales del bando sedicioso defendieran, apoyaran o hablaran a favor de sus máximas. Quienes escucharan y permitieran conversaciones acerca del ejército insurgente sin dar parte al gobierno corrían el riesgo de perder sus bienes. De manera efectiva, las alarmadas autoridades coloniales tiñeron con tintes de tabú lo concerniente al tema de independencia, aplicando una censura duramente penalizada con tal de evitar la propagación del movimiento de los "cabecillas de Apatzingán"[lix].

La lucha por la independencia de México continuo durante la década en la región central de los territorios que el 27 de septiembre de 1821 se habrían de declarar como oficialmente separados política y administrativamente del imperio español. La villa de Huejuquilla recibió la noticia con el mismo ánimo con que había contemplado el curso de la guerra: impasible. Desde 1814 había adquirido la categoría de ayuntamiento, en virtud de la legislación de Cádiz, que otorgaba tal nombramiento a los asentamientos que contaran con más de un millar de habitantes. Recordemos que tal constitución fue abolida por Fernando VII, tras pretender volver a un estado de absolutismo para ser posteriormente restablecida en 1820. Inmediatamente se verificaron elecciones en el ayuntamiento, y desde entonces Huejuquilla adquirió categoría de municipio. José Andrés Lujan, alcalde primero, y el jefe militar del presidio, el capitán José Antonio Vizcarra, juran el domingo 9 de septiembre de 1821 su apego a la independencia, según lo estipulado por el Plan de Iguala. El acto contó con la presencia de los militares que conformaban la compañía volante, empleados civiles y el público en general, y se realizó en la plaza de armas. Fue seguido por un Te Deum y una misa de acción de gracias, presidida por el párroco José Trinidad Máynez (Almada, Sin año: 44-46). De este modo, la villa de Huejuquilla mostraba su apoyo y cohesión a las proclamas trigarantes y sin derramar sangre sobre su territorio, de forma voluntaria, unió su suerte a un proyecto de nación que no terminaría de definirse durante el curso del tormentoso siglo XIX.

Las guerras indias

El poblado que en 1898 fuera elevado a la categoría de ciudad nace como presidio militar. El Real Presidio de Santa María de las Caldas se funda en 1753 para servir de cuartel a la Compañía Volante, encargada de salvaguardar la seguridad de las vías de comunicación y socorrer a los poblados cercanos. Estratégicamente situada entre el Camino Real de Tierra Adentro y los minerales de Santa Bárbara y San José del Parral, dotada de una movilidad y agilidad innovadora, gracias a que se componía principalmente de jinetes cuyas armaduras eran confeccionadas con pieles curtidas de animales –conocidas como cueras- a diferencia de los antiguos cuerpos de infantería, cuyos soldados se protegían con pesadas piezas de metal. Recordemos el capítulo relativo a la fundación del presidio, el asentamiento que un día habría de ser conocido como homónimo del prócer de la lucha por la independencia Mariano Jiménez, surge como respuesta de las autoridades virreinales a la constante furia con que las huestes conformadas por tribus y clanes indígenas, de naturaleza nómada (conocidos como "indios bárbaros" en oposición a "indios mansos", apelativo que se reservaba para las etnias que mostraban un mayor grado de asimilación y convivencia con los colonizadores) asolaban el Camino Real y castigaban poblados y rancherías; al punto de provocar, en ocasiones, el abandono de tierras y posesiones por parte de sus dueños a favor de una vida segura en otra latitud.

A principios del siglo XIX, las autoridades coloniales habían logrado conseguir una relación pacifica con sus vecinos nómadas. A través de una política de 'pan y sangre' se premiaba con regalos que podían rayar en tributos a los 'gobernadorcillos' que mantuvieran relaciones cordiales y se castigaba con lujo de crueldad a aquellos que emprendieran hostilidades contra los colonos. Para los líderes apaches y comanches los pactos de no agresión y las alianzas tenían un carácter personal y no institucional; es decir el compromiso ligaba las voluntades de aquellos quienes lo contraían, por lo que las autoridades virreinales se veían en la necesidad de realizar múltiples tratados con cada uno de los dirigentes de las diferentes tribus nómadas. Al faltar uno de los originales pactantes (como podía ocurrir al nombrarse un nuevo dirigente político o tras la muerte de algún "capitancillo") el pacto no trascendía a su sucesor, se nulificaba ante los ojos del nómada y este podía reanudar las hostilidades de así resultarle apetecible (ver "Las guerras indias en la historia de Chihuahua" por Víctor Orozco O.).

La labor de patrullaje realizada por la compañía volante en la zona redujo considerablemente las hostilidades de los bárbaros durante el periodo colonial. Sin embargo, una vez consumada la independencia de México, los 'capitancillos' indígenas reanudaron las hostilidades.

La naturaleza nómada de apaches (y posteriormente comanches) dificultaba la lucha frontal, ya que estos –como si fuese guerra de guerrillas- escogían blancos poco defendidos y atacaban de manera repentina y sorpresiva, para después darse a la fuga. Los asentamientos de estos grupos no eran permanentes y variaban su ubicación de acuerdo a la disponibilidad de alimentos (González, León; 2000).

Al ser la villa de Jiménez jefatura política debía velar por la protección de los pueblos y rancherías bajo su jurisdicción. La escasez de tropas y armamento aunado a la asombrosa movilidad de los hostiles mantenían en constante zozobra a las autoridades locales; cuando una gavilla atacaba algún asentamiento, sus habitantes poco podían hacer para presentar resistencia y pedían socorro a las rancherías y poblados más próximos. Cuando se lograba formar un grupo de vecinos dispuestos a hacer frente a los bárbaros estos últimos ya habían concluido con el saqueo y se encontraban a kilómetros de distancia. La comisión defensora entonces se concentraba en la tarea de darles alcance, con el doble propósito de escarmentar y recuperar lo robado. Tarea que resultaba las más de las veces infructuosa, ya que los agresores conocían como ninguno las llanuras chihuahuenses.

El temor que infundían los ataques bárbaros a los chihuahuenses habían ocasionado que estos últimos desconfiaran de cualquier individuo de apariencia indígena que transitara por los caminos; los viajeros precisaban contar con documentos emitidos por la autoridad que les identificaran y permitieran viajar, al llegar a una población debían presentarse con el jefe de policía para acreditar su identidad y evitar ser detenidos. Quien careciera de tal documentación se arriesgaba a ser detenido, como un grupo de indios gileños (miembros de la familia apache, esta tribu recibía el apelativo de gileños por ser oriundos de las riveras del rio Gila) que se aventuró el primero de julio de 1830 en la villa de Jiménez[lx].

La escasez de fondos municipales dificultaba en gran medida la labor de las autoridades. El 13 de enero de 1834, Trinidad Lujan, comandante general, solicitaba para la villa de Jiménez un cajón de municiones para "enfrentar la osadía y crueldades de los bárbaros". En circular de la Secretaría de Gobierno, desde la capital del estado, se expresa que en la administración de esta villa se hallaban depositados veinticinco fusiles; sin embargo estos no podían ser puestos a disposición de la milicia cívica ya que no se contaban con fondos para cubrir su costo[lxi].

Cuando los bárbaros atacaban algún asentamiento, la autoridad local tenía la obligación, además de rendir parte a la capital del estado, de alertar a los demás asentamientos a la redonda, en especial a aquellos que se situaban sobre la línea de huida que se estimaba seria seguida por los hostiles. El 2 de marzo de 1834, se advierte al jefe político de Allende por su contraparte de Jiménez la presencia de "ochenta y tantos" indios, capitaneados por Pegote, Chino, Cristóbal y Hacha; con la finalidad de que este tome las precauciones necesarias para evitar una tragedia[lxii].

Juan Nepomuceno Armendáriz se distinguió durante las décadas de 1840, 1850 y 1860 por las campañas punitivas que emprendió en contra de los 'salvajes'. Era común para el público jimenense recibir avisos como el siguiente:

...Al público.

Los bárbaros dieron muerte la noche de ayer al ciudadano Ignacio Rivas, y habiéndose mandado explicar este acontecimiento, ha dado cuenta a esta subprefectura el ciudadano Hipólito Castañeda que los bárbaros en número de más de cien durmieron en los cerros y se dirigen a lo interior. Don Agustín de Estavillo ha dado cuenta esta subprefectura que Andrés Talamantes y Antonio Leyva, sus sirvientes, se encontraron en la mañana de día de hoy con sesenta y tantos indios en el rancho de San Antonio, inmediato a dos leguas de dicha hacienda que dieron muerte a Leyva y a Talamantes le llevaron el macho ensillado y el sombrero, que dará cuenta de lo que ha ocurrido luego de que regresen de inspeccionar este acontecimiento. Se aviso al público para que en lo posible se evite una sorpresa.

Subprefectura de Jiménez. Agosto 27 de 1847..

Juan N. Armendáriz[lxiii].

El manuscrito hace referencia a la hacienda de Dolores, propiedad del señor Estavillo. Un grupo de rancheros difícilmente podía enfrentar a los merodeadores, por lo que era menester pedir socorro a los asentamientos circunvecinos. El efecto que causaban avisos de este tipo sobre el ciudadano común iba desde la rabia al miedo. A mediados del siglo, vecinos organizaron partidas en diversos puntos del cantón Jiménez con la finalidad de robar el ganado propiedad de los comanches que encontraran a su paso. Esto no hacía más que empeorar las ya tensas relaciones con los comanches, pues estos últimos, furiosos por el ultraje, marchaban sobre pequeños poblados "causando terribles desastres". Las autoridades estatales, pretendiendo prevenir mayores catástrofes, alertaron al jefe político del cantón para que proscribiera tal actividad; aclarando que los vecinos podían organizar su defensa o la persecución de 'bárbaros' tras un ataque, siempre y cuando se diera aviso a las autoridades locales[lxiv].

Los bárbaros y los vecinos

Los vecinos de la villa sentían un profundo temor hacia los bárbaros. Constantemente se recibían partes y avisos —como el anterior- donde se detallaba la crueldad con que estos últimos trataban a sus enemigos: mutilando, asesinando a flechazos (jarazos) o con puñales (balduques), secuestrando mujeres para después abandonarlas, en ocasiones incluso se les tenía por antropófagos. La sola mención de apaches o comanches bastaba para despertar pánico entre los habitantes del antiguo presidio. Una serie de manuscritos que datan del año 1849 ejemplifican de manera notoria el efecto que los bárbaros ejercían sobre los vecinos. El 9 de junio[lxv], Encarnación Ojinaga, Eduviges Jordán, Manuel Cordero y Sabas Robles decidieron vestirse al modo y usanza de los "indios salvajes", acto seguido, despojaron a sus caballos de las monturas y cabalgaron "a pelo", emitiendo gritos y alaridos en dirección al río. En el río se encontraban varias familias, aseándose, además de mujeres lavando la ropa. La sorpresiva incursión provocó que los bañistas corrieran en busca de refugio hacia las calles de la villa. Las autoridades locales consignaron a los bromistas, y consideraron al acto como reprobable por partida doble: producía "alarmas contra la tranquilidad pública" además de atentar contra el honor de las mujeres jimenenses, ya que estas con tal de ponerse a salvo de un mal mayor olvidaron cubrir su desnudez al momento de emprender la retirada. Los numerosos testigos fueron citados a declarar lo acaecido; se aclaraba que *"ninguna mujer honesta debe concurrir a los juzgados a declarar*[lxvi]", ya que estas habían visto su honor comprometido de manera suficiente, en cuyo caso el escribano debía acudir a la morada de las afectadas a tomar declaración. Pedro Luján, testigo, al rendir su declaración manifestó encontrarse jugando "rebote" en la propiedad de Manuel Plata, cuando la cocinera de su tía la Señora Josefa Olguín llegó dando la alarma "diciendo que los indios estaban en el jaral y que con esta noticia suspendió la ida". Pedro Luján corrió junto con otros concurrentes a ensillar un caballo para dirigirse *"a la otra banda del rio"* en auxilio de sus vecinos[lxvii]. En declaraciones separadas, Tiburcio Ojinaga y Francisco Martínez también ofrecieron su versión de los hechos... Ojinaga (hermano del afectado) manifestó haber estado en las inmediaciones del río *"porque fue a bañarse"*. Cuando se le preguntó acerca del movimiento por él observado, en relación con los fingidos apaches que asustaban mujeres relató lo siguiente: Francisco

Martínez se acercó al río y a manera de broma tomo las ropas de Encarnación, quien en esos momentos se encontraba tomando un baño; Encarnación corrió en busca de un caballo, sobre el cual darle alcance al bromista. Agregó que en ese momento la Señora Josefa Castañeda avisó a las mujeres de la venida de los indios, y al ver estas a Encarnación, a caballo persiguiendo a Martínez *"se formo la revolución, estoy fue lo que paso y nada más*[lxviii]*"*. La versión del zapatero Francisco Martínez concordaba con la de Tiburcio: Martínez había acudido al río con la intención de tomar un baño, ahí encontró a Encarnación Ojinaga haciendo lo propio; con la intención de esconderlos *"le agarro sus trapos"* y este *"arranco tras de él a quitárselos y en eso le quito un caballo a Florentino Armendáriz y en las vueltas que daban se revolcó todo Ojinaga, y de todo esto se estaban riendo porción de señoritas que los veían"*, al cansarse de jugar devolvió las ropas a su dueño y partió hacia su morada[lxix]. Josefa Castañeda, la señora que diera la voz de alarma, viuda de 61 años de edad también fue llamada a rendir declaración. En su testimonio, la Señora. Castañeda expresó que *"antes de irse a la iglesia, como a las tres de la tarde, como lo tiene de costumbre le dijo su niña Concepción que le diera licencia para ir a bañarse"*. Al salir de la iglesia, la viuda fue a visitar a Gertrudis López y esta le dijo que los indios venían por Tierra Blanca. Acto seguido Josefa Castañeda partió en pos de su hija gritando que venían los indios. Manuela Carrasco se encontraba tomando un baño en el río junto con su familia cuando llegó la señora Castañeda advirtiéndoles de la venida de los indios:

> ...y dentro de poco ya vieron a uno a caballo corriendo y pegando alaridos por de aquel lado del rio en peloto[18]... vio que el Chirulo[19] de Gavino

Robles que dicen que se llama Santos, en un caballo, en peloto y con una clase de chimal, pegando alaridos y fue quien atrompilló a su niña, que luego ganó para la calle del Olote[lxx]...

Las declaraciones de manera definitiva aclaraban la confusión, y el alcalde declaró no culpables a los consignados y ordenó se pusieran en libertad[lxxi].

Las expediciones punitivas

Los 'indios bárbaros' rara vez atacaban los poblados, ya que ahí se concentraba un mayor número de hombres y armas capaces no solo de repeler el ataque sino de escarmentar al osado invasor. El grueso de los embates se dirigía a las rancherías más alejadas, las cuales contaban apenas con un puñado de trabajadores que poco podían hacer ante la sorpresa y la superioridad numérica del atacante. Tan grande era el riesgo que corrían los ciudadanos, que el gobierno prohibió a la ciudadanía transitar sin las armas necesarias para su defensa; quien no obedeciere tal disposición podría ser multado, la cantidad de la multa iba de un real hasta veinticinco pesos; las autoridades locales debían velar por el estricto cumplimiento de la norma, especialmente "que los sirvientes de las haciendas, principalmente los vaqueros y pastores se provean de arcos y flechas"[lxxii]. Tras un ataque se organizaba una expedición con la finalidad de dar alcance al enemigo y recuperar el botín, cuyo número de integrantes era proporcional al número estimado de indígenas agresores. Estas expediciones punitivas se conformaban por voluntarios, quienes a la señal de alarma

---

[18] Es decir, desnudo.
[19] Apodo con que se conocía a Sabas Robles.

abandonaban sus actividades cotidianas y corrían en busca de armas y provisiones para partir en auxilio de algún asentamiento o en pos de los forajidos. El 15 de julio de 1849, el Señor José María Gavaldón retornaba a la villa de Jiménez tras dedicar los últimos días a la persecución de indios bárbaros. Al día siguiente rindió parte a las autoridades y relató los pormenores de la empresa. Gavaldón procuró encontrar rastros de los bárbaros en los aguajes más próximos al lugar de las fechorías, punto obligado, ya que se estimaba necesario dar descanso y bebida a las bestias. Tras proceder en dirección oeste, hasta Sombreretillo (en las afueras de la actual ciudad de Hidalgo del Parral) se vio en la necesidad de volver sobre sus huellas. Vecinos del rancho El Cordereño, al este de la villa de Jiménez, advirtieron a los hombres de Gavaldón del paso de ocho indios por las inmediaciones y señalaron el rumbo tomado por los perseguidos; quienes habían logrado una ventaja de dos días sobre sus perseguidores. La expedición encontró "dos machos cansados" por el rumbo de 'las Adargas' (al sureste de la villa de Jiménez), abandonados por los forajidos, ya que su estado no permitía a las bestias ser utilizadas en la retirada y entorpecía la huida. Los equinos fueron puestos a disposición de las autoridades para lo que estas juzgaran conveniente[lxxiii].

El ganado recuperado, de estar marcado por el fierro de algún ganadero reconocible, era devuelto a su dueño. Sin embargo, se acostumbraba cobrar una cuota por cabeza recuperada para paliar las expensas incurridas durante la persecución. A los integrantes de la expedición se les concedía una parte de dichas cuotas, o bien, se les permitía conservar algunas de las cabezas. Esto con la finalidad de estimular su futura participación y de atraer a nuevos voluntarios.

La responsabilidad de proteger a los habitantes de la jurisdicción de Jiménez descansaba sobre el jefe político; sin embargo eran los vecinos más adinerados quienes mostraban un mayor interés en organizar y financiar la persecución de los indios, especialmente si estos últimos habían cometido fechorías dentro de sus propiedades. Movidos no por pasiones de venganza, sino por el deseo de recuperar el botín, que en ocasiones podía ser considerable. Juan Nepomuceno Armendáriz, distinguido cazador de indios que se forjó una legendaria reputación en el desempeño de tal actividad, era reconocido como uno de los individuos con mayor conocimiento del sureste chihuahuense; por lo anterior, cuando el acaudalado terrateniente Filomeno Cano de los Ríos sufrió la pérdida de diez y seis yuntas de bueyes tras una incursión nómada al agostadero conocido como El Cordereño, no dudo en contratar los servicios del Señor Armendáriz y nombrarlo comandante de una fuerza de 24 hombres. En un detallado manuscrito el cazador de indios relató los pormenores de la empresa y los expuso a las autoridades correspondientes. El valor del manuscrito reside en el detalle de su elaboración, y nos permite reconstruir fielmente las dificultades experimentadas por los chihuahuenses cuando partían en pos de los indios bárbaros. El día 7 de mayo de 1862, la expedición partió del lugar del hurto *"como a las tres de la tarde";* las pistas apuntaban al norte, tras continuar en esta dirección durante cuatro horas y media, aproximadamente, los jinetes arribaron al paraje del aguaje de Chupaderos, continuaron hasta que el astro rey les permitió seguir los pasos de los facinerosos y se prepararon para pernoctar. Al día siguiente, un jueves antes del alba, el comandante del grupo decidió organizar sus fuerzas siguiendo un corte militar, *"se nombró al C. Manuel Valverde comandante de una guerrilla, y la otra mitad que se componía de doce hombres al mando de don Filomeno Cano, con intervención en las 2 mitades el que suscribe..."* Juan N

Armendáriz mandó también se nombrara un individuo como sargento y tres cabos. Al aclarar *"se emprendió la marcha a trote y galope, sobre la pista del enemigo sin demorar un instante y se caminó por la huella más de cincuenta leguas"*. Tras cabalgar infructuosamente durante la mayor parte del día, los vecinos que componían la expedición comenzaban a emitir constantes quejas por el calor y la sed que los hacían victimas; así mismo, las cabalgaduras comenzaban a dar muestras de fatiga. El señor Cano de los Ríos, *"el dueño del interés que se perseguía"*, decidió abandonar el intento por recuperar sus bienes. Tras esta disposición, los vecinos dejaron de reconocer la autoridad anteriormente conferida a Juan Armendáriz, surgiendo una serie de diferencias de opiniones acerca de lo que se estimaba conveniente hacer a continuación. Unos propusieron continuar al norte, hasta el próximo aguaje, situado a 15 leguas de distancia. Los más vociferaron ante tal propuesta ya que los haría caminar *"en rumbo inverso del de su tierra"* y propusieron volver atrás, al aguaje de Chupaderos. La sed y el cansancio castigaban al cuerpo de voluntarios, quienes impacientes:

> …deseaban y querían que hubiera aguaje con el rumbo de su país, y a cada momento preguntaban en donde estaba el agua que es lo que querían, y yo[20] les contestaba que el agua no estaba por donde ellos la deseaban que los aguajes conocidos los habían dejado los indios muy distantes en la travesía que hicieron con dirección de la Sierra del Almagre, la cual queda al sur de la laguna del Jaco.

---

[20] Juan N. Armendáriz, Autor del manuscrito.

El viernes, la desesperación de los hombres se puso de manifiesto cuando Armendáriz se ofreció a conducirles al aguaje de Mayo, por tratarse del más cercano y estos rechazaron la propuesta, con la esperanza de llegar al aguaje del Venado, más lejano, pero en dirección de sus respectivos hogares. Acuciados por la "sed ardiente" se precipitaron en dirección del río de la Enramada. Armendáriz, juzgó descabellada la idea y consideró de mayor prudencia proseguir hacia el Venado. Gracias a la experiencia adquirida a lo largo de años por deambular por llanuras, desierto y matorrales, el que fuera comandante de la expedición y Ramón Martínez - *"el único que se acompañó conmigo[lxxiv]"* - decidieron proseguir a pie, liberando a las bestias del peso de sus cuerpos y procurando refrescarse a lo largo de la travesía. Finalmente, *"como a (la hora de) las oraciones de la noche[lxxv]"*, hombres y caballos exhaustos arribaron al aguaje citado. De los veintidós hombres que decidieron marchar en dirección de la Enramada, cinco recapacitaron y decidieron seguir el derrotero de Armendáriz y Martínez, llegando al aguaje del Venado un día después que estos. El grupo de siete hombres permaneció en ese sitio durante tres días, tratando de recuperar la salud perdida tras pasar dos días "cabales" sin la recepción de líquido alguno. El que relata amargamente manifiesta como *"la tenacidad y capricho de mis compañeros de armas, y muy particularmente de algunos que insistieron en hacer la travesía ya expresada (al rio de la Enramada) fue la causa de que perdieran todos sus caballos, equipajes de montar y otras cosas de su uso personal[lxxvi]"*. De los diez y siete hombres empecinados en llegar al río de la Enramada, uno perdió la vida en el trayecto, a consecuencia de la sed y la insolación; el resto del grupo fue rescatado moribundo por vecinos de la hacienda de la Enramada, quienes les atendieron con esmero. En el reporte rendido a las autoridades, con fecha de 13 de mayo, Armendáriz recalca que lo anterior *"no habría sucedido si me siguen, como se los rogaba, no ya como comandante de la fuerza, sino como compañero y en obsequio de la humanidad[lxxvii]"*. El relato de Armendáriz ponía en evidencia como, el ciudadano común y corriente, no contaba con la experiencia necesaria para sobrevivir al desierto. No es difícil especular el giro de los dados si el malogrado grupo hubiese tenido que medirse en tal escenario contra el adversario. El enemigo del jimenense se tornaba doble: por un lado el desierto y los elementos; por otro los feroces indios bárbaros[lxxviii].

En ocasiones los ataques por parte de los indios recrudecían. Gobierno del Estado se veía en la necesidad de solicitar hombres, armas y dinero a los diferentes cantones para emprender ofensivas directas en contra de los nómadas. En ocasiones el esfuerzo realizado por las autoridades estatales no era suficiente y estas se veían en la necesidad de pedir ayuda a la federación (la mayor parte de las veces inútilmente) y a otros estados del norte; como en 1852, donde el estado de Sonora prestó apoyo militar al gobierno de Chihuahua. En circular con fecha de agosto 24, la Secretaría de Guerra chihuahuense requirió del jefe político del cantón Jiménez un esfuerzo por reunir hombres con la voluntad de unirse a los sonorenses, asimismo se solicitaba auxilio para las tropas en caso de que estas incurrieran dentro de los límites del cantón[lxxix].

Tras la incorporación de la República de Texas como un estado más de la Unión Americana y el establecimiento de una línea fronteriza internacional, los hostiles podían ingresar a territorio mexicano, cometer fechorías y refugiarse en los Estados Unidos, evadiendo de este modo la justicia chihuahuense –situación que se agravaría con la venta de la

Mesilla. Los chihuahuenses no podían más que contemplar cómo sus hatos de ganado se internaban en territorio estadounidense sin poder tratar de darles alcance y recuperarlos antes de que fueran vendidos o cambiados por armas en los mercados ganaderos del este de Texas. Impotentes, recurrían a su gobierno para levantar las reclamaciones correspondientes. Una serie de reclamaciones sería presentada al gobierno de los Estados Unidos, por parte de las autoridades chihuahuenses, exigiendo el apego al tratado de Guadalupe-Hidalgo, cuyas claúsulas estipulaban la responsabilidad que la vecina república tenía de proteger al territorio mexicano de ataques a manos de los 'bárbaros'[lxxx]. Sin embargo el procedimiento era largo, tedioso y las más de las veces infructuoso.

La guerra con los Estados Unidos

El antecedente texano

Haciendo eco de lo ordenado por el ejecutivo federal, el gobernador José J. Calvo emprendió en 1836 una campaña doble: por un lado debía conformar una fuerza de chihuahuenses dispuestos a defender el honor nacional, para lo que convocó a todos los varones capaces de empuñar un arma; por otro lado existía la obligación de recaudar fondos para el erario federal y así paliar los costos del conflicto armado[lxxxi]. Tras el desastre de San Jacinto, los texanos obtuvieron su libertad. Sin embargo los chihuahuenses no dejaron de experimentar roces con sus vecinos. En octubre de 1841, una circular proveniente del prefecto del distrito de Hidalgo solicitaba a los jimenenses hombres y fondos para defender la frontera oriental del estado[lxxxii].

Independientemente de los motivos que pudieron inflamar el deseo separatista en las mentes de los colonos tejanos, la sedición de estos territorios arrastró consigo consecuencias graves para el joven estado de Chihuahua. Sus habitantes se verían forzados a tomar las armas en defensa de la integridad nacional y repartir su sacrificio bélico y escaso presupuesto entre los indómitos "indios bárbaros" y los "perversos texanos". Cuando las autoridades centrales vislumbran la incorporación de la República de Texas, como nuevo estado, a la federación estadounidense supieron que las esperanzas nacionales de recuperar aquellos territorios heredados de la corona estaban a punto de esfumarse. Cerca de diez años tuvieron los texanos para fortalecerse como república antes de que el gobierno mexicano emprendiera una acción decisiva para restaurar su autoridad en aquellos lares del noreste nacional.

La invasión

Cuando la anexión de Texas fue aprobada por el congreso estadounidense, el letargo en la ciudad de México se rompió y el ejecutivo capitalino levantó la voz a manera de protesta.

El problema se agravó al punto de convertirse en un conflicto internacional durante el cual la joven República Mexicana sentiría el emergente poderío militar de su vecino del norte. El enemigo penetró el área de la antigua Nueva España desde varios frentes, el ejército mexicano poco pudo hacer para repeler al invasor. Al cabo de unos cuantos meses la nación se encontraba de rodillas y, con su capital como rehén, el territorio nacional experimentó el despojo de más de la mitad de su área. Humillado, el David chihuahuense erró el tiro contra el Goliat extranjero en el Sacramento; en virtud de este hecho, el estado de Chihuahua se convirtió en práctica "vía franca", y por su territorio transitaron sin ser molestadas las tropas de los Estados Unidos. Tras ser doblegada la autoridad nacional, los chihuahuenses pagarían con una porción de la geografía de su amado estado parte del botín de guerra.

México no era la única nación que veía sus territorios sesgados ante el avance de los estadounidenses (fueran o no texanos); los feroces antagonistas del chihuahuense, los pueblos apaches y comanches también eran obligados a desplazarse a occidente ante el empuje anglosajón. Al perder sus ancestrales cotos de caza, las naciones nómadas se vieron en la necesidad de internarse en tierras chihuahuenses. El 30 de septiembre de 1844 se recibió una comunicación de la comandancia de Nuevo México, donde se advertía al jefe político de la villa de Jiménez la incursión de dos mil comanches "a situarse en el intermedio del presidio del Norte y Santa Rosalía para de allí hacer su campaña" (el área en cuestión se sitúa entre las actuales ciudad Camargo y Ojinaga)[lxxxiii].

Las fuerzas estatales comandadas por los coroneles Mauricio Ugarte y Juan Nepomuceno Armendáriz arribaron al rancho propiedad del señor Torresdey, con la intención de enfrentar al enemigo. La fuerza comanche huyó sin presentar combate[lxxxiv]. Parecería que las incursiones comanches vaticinaban una desgracia mayor: apenas unos meses después Texas se incorporó a la unión americana en calidad de estado. El presidente estadounidense James Polk envió al ejército de su país para proteger la integridad del recién adquirido territorio. Las tropas de Polk ignoraron la frontera texana situada en las riveras del río Nueces y se trasladaron a las riveras del río Bravo. La flagrante invasión provocó roces con los mexicanos que habitaban la zona; el congreso del vecino país interpretó la actitud defensiva del mexicano como acto de agresión, detonando la declaración de guerra por parte de los Estados Unidos el 13 de mayo de 1846. El territorio mexicano se inflamó ante el alevoso acontecimiento. La villa de Jiménez no fue la excepción. El jefe político de la villa lanzó una proclama a los habitantes bajo su dirección, un exhorto que reflejaba el emergente sentimiento de identidad nacional que por primera vez en la historia de la joven República hermanaba a regiones y facciones lejanas; invitándoles a marchar como uno contra el invasor extranjero; dejando de lado clasificaciones de corte local y regional, olvidando momentáneamente inclinaciones políticas y adoptando la etiqueta general que los convertía en mexicanos.

...Jimenenses:
Al frente de vosotros, encargado del gobierno político de esta cabecera sin merito ni capacidad, llamado por la ley para desempeñarlo interinamente os confieso que jamás he sentido en mi corazón, mas complacencia que hoy que veo atados mis paisanos y amigos con el entusiasmo más vivo, reunidos en este salón peleando la preferencia d emitir cual primero sus votos en defensa de nuestra madre patria.

Aquí tenéis la exposición de nuestros hermanos los chihuahuenses ¿Seréis fríos espectadores de sus patrióticos sentimientos? ¿Imitaran su patriotismo? No lo dudo: pues a las armas, corred a la lid, y que nuestra divisa no sea otra que morir o ser héroes.

La guerra es nacional: El usurpador extranjero pisa con sus inmundas plantas el suelo de Anáhuac, volad jimenenses, volad, a lanzar a ese ambicioso atrevido del territorio mexicano: que en todo seamos los primeros que presentemos el pecho a la campaña, admitiéndome en vuestras filas como el menor súbdito que en la presente lucha sacrificare, no lo dudéis, sus intereses y su existencia. Dije, junio 28 de 1846.

Gaspar Cordero[lxxxv]

El 8 de octubre de 1846, la prefectura del distrito de Chihuahua transmitió una comunicación a todos los asentamientos situados entre esta capital y la villa de Jiménez: se había introducido a territorio estatal "una partida de mil comanches capitaneados por americanos: y como a la ferocidad y astucia de aquellos se une hoy la perversidad de estos, importa, para evitar desgracias, doblar el cuidado..."[lxxxvi]. Cuatro días más tarde, Carlos Pacheco, prefecto de Hidalgo, confirmaba lo anterior. La información ofrecida por Pacheco presentaba un panorama más desolador, la fuerza comanche se constituía por dos mil hombres y estos contaban con piezas de artillería proporcionadas por sus líderes estadounidenses[lxxxvii]. El ejército de Polk difícilmente podría haberse provisto de un mejor aliado: durante generaciones el pueblo comanche había deambulado por la pradera chihuahuense, sus integrantes conocían a la perfección el terreno y no dudaron en señalar al invasor los puntos débiles de la ya deficiente defensa estatal.

Para el 12 de diciembre, día de la virgen de Guadalupe, las autoridades de Coahuila advertían a sus vecinos del ayuntamiento de Jiménez la posible marcha de las tropas norteamericanas en esa dirección, tras la toma de saltillo; por lo que aconsejaban apostar espías en el camino de Mapimí a Huejuquilla[lxxxviii]. Once días después, llegaban a la villa de Jiménez funestas noticias: el invasor había penetrado los límites estatales, ocupando el punto de Doña Anna (hoy condado del estado norteamericano de Nuevo México)[lxxxix].

Durante el curso del año que se avecinaba la situación en el estado empeoró. El 2 de marzo de 1847 el señor Arcadio Fernández, juez de paz de Santa Rosalía, advertía al subprefecto del partido Jiménez: "La acción de armas empeñada en el Sacramento el 28 del pasado contra los invasores norteamericanos, se perdió de una manera lamentable para Chihuahua. Lo que me apresuro a poner en conocimiento de U. para lo que pueda ser necesario en razón de medidas precautorias."[xc]. Apenas una semana antes (en febrero 25), con singular optimismo, el Señor Pacheco, prefecto de Hidalgo comunicaba a su subalterno de Jiménez como el gobernador del estado *"...ha conseguido organizar una fuerza respetable para repeler y castigar la osadía del enemigo[xci]"*. La derrota en Sacramento desmantelaba de manera efectiva las defensas Chihuahuenses. La semana del primero de abril el ejército invasor mandó un destacamento a Parral.

Las tropas estadounidenses en Jiménez

El historiador chihuahuense, Francisco R. Almada, en su Resumen Histórico del Municipio de Jiménez (paginas 62-66) transcribe una serie de documentos que ilustran la comunicación ente el jefe político de la villa de Jiménez y su superior, el prefecto del distrito de Hidalgo. Almada relata el paso por Jiménez, el 26 de marzo de 1847, del militar estadounidense William Peck junto con su escolta de catorce hombres. Procedentes de la ciudad de Chihuahua eran mensajeros del coronel Doniphan y se dirigían a Saltillo, Coahuila, para encontrarse con el general Zacarías Taylor (ver mapa 2). De acuerdo al historiador, el comandante militar de la zona Juan Nepomuceno Armendáriz partió en pos de ellos con la intención de batirlos, sin que consiguiera darles alcance. El Coronel Mauricio Ugarte, al frente de las tropas de Hidalgo del Parral, tampoco conseguiría darles alcance tres semanas después, el 19 de abril, cuando la expedición al mando de Peck retornaba por la zona con dirección a Chihuahua capital, portando instrucciones del general Taylor.

Mapa 2: Campaña de A. W. Doniphan en Chihuahua

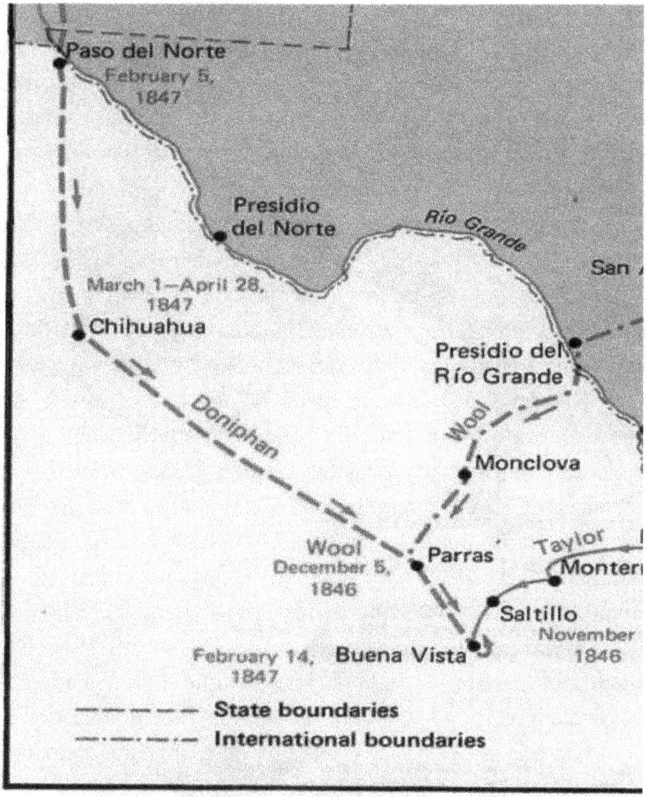

History Map of Stephen Kearny's campaign in New Mexico and A.W. Doniphan's campaign in Chihuahua. (c) 1976, Board of Regents, The University of Texas System. Perry-Castañeda Library Map Collection.

En los documentos transcritos por Almada, el señor Agustín García describe el comportamiento del invasor y de los vecinos de la villa de Jiménez el día lunes, 19 de abril. García hace del conocimiento de las autoridades del distrito la llegada inesperada y sorpresiva, a las dos y media de la tarde, de Peick al mando de 42 hombres, quienes llamaron a su puerta. Sirviéndose de los servicios de traducción del señor Santiago Cons, Peick solicitó a García alimentos y alojamiento para sus hombres. Fueron alojados en el cuartel de la plaza de armas, que se encontraba vacío. Pagaron al contado el pan y el maíz que les fue entregado por instancias de Agustín García. Dedicaron toda la tarde a deambular despreocupadamente por "las acequias y el río con demasiada satisfacción"; al caer la noche montaron guardias en la plaza, esquinas y bocacalles cercanas al cuartel "esto quizás porque se comenzó a observar un género de conmoción en el pueblo, que daba a conocer su ardimiento y entusiasmo en estos habitantes". De acuerdo al señor García, para las ocho de la noche "el espíritu patrio comenzó a germinar en el corazón de los jimenenses" y un grupo de vecinos se hallaba dispuesto a asaltar el cuartel, ya fuera para asesinar a los militares estadounidenses o bien para hacerlos prisioneros, liderados por el capitán auxiliar Joaquín Mendoza. García partió en búsqueda de Juan N Armendáriz, comándate militar de la zona, a quien propuso ponerse al frente de una fuerza de 100 voluntarios. Armendáriz accedió. Al haberse reunido cerca de 40 hombres, prontos para la acción, Armendáriz desiste de los planes, ya que los consideraba sumamente precipitados. Para entonces la fuerza invasora se encontraba a la expectativa, y a la una de la mañana abandonó la villa, dejando en el cuartel algunos artículos personales y parte del maíz comprado. El manuscrito alude los lamentos del señor García, quien amargamente expresa su frustrada voluntad de atacar al extranjero. Se atribuye el fracaso del 'golpe' a la falta de "medidas precautorias", y alega que de haber tenido los jimenenses tiempo suficiente para planear el asalto, este se habría llevado a cabo. La culpa se volcó sobre los hombros de Joaquín Máynez, a quien se acusó de ocultar detalles acerca de las fuerzas norteamericanas a sus compatriotas mexicanos, ya que él había viajado con ellos parte de la travesía desde Coahuila:

> ...si este joven Máynez hubiera dado a esta subprefectura la más leve información de la aproximación de esa fuerza de aventureros, muy seguro es que los jimenenses hubieran dado a conocer, con provecho, el ardimiento de su amor patrio; pero repito, que hay mexicanos desnaturalizados que en nada aprecian la persecución de nuestra amada patria.

Máynez fue tachado de traidor e infame. En su paso por Jiménez, Peck manifestó servir al general Taylor y portar instrucciones dirigidas al coronel Alexander Doniphan para que este movilizara su ejército en dirección de Durango. Lo anterior se confirmó en los hechos una semana y media después.

En su curso al interior del país el ejército invasor avanzó hacia la villa de Jiménez. La vanguardia de la fuerza que abandonó la villa de Chihuahua pernoctó en Santa Rosalía el día 30 de abril. El juez de paz de la villa relató la llegada de cuarenta hombres a las tres de la madrugada; precedida por una partida mucho más numerosa que llegó a las diez de la mañana. En conjunto sumaban 400 hombres, al día siguiente se esperaban muchos más. El invasor se apresuró a cautivar a los ciudadanos más prominentes. En su relato, el juez Arcadio Fernández, al rendir parte del suceso a su respectiva jefatura política -con sede en la villa de Jiménez- utiliza las siguientes palabras al referirse al comportamiento mostrado por el enemigo:

...no se advierte que hayan cometido ningunos desordenes... para evitarlos, el jefe de la fuerza de acuerdo conmigo acordamos que la mayor parte de la fuerza se acampara en la otra banda del rio Florido... según lo tengo experimentado de los jefes de esta fuerza que me han visitado en la cama que estoy enfermo, me han parecido muy humanos... no quieren causar el más mínimo daño a los vecinos y lo han acreditado hasta esta hora que serán las siete de la noche[xcii].

La llegada de la tropa invasora se esperaba en la villa de Jiménez para el día 2 de mayo. Se nombró una comisión encabezada por el párroco Gregorio Ojinaga y Joaquín Mendoza para recibirles[xciii].

El ejército estadounidense entró a la villa de Jiménez en la madrugada del tres de mayo. Solicitó 500 fanegas de maíz, leña y "víveres de boca", ofreciéndose a pagar por ellos siempre y cuando se les ofrecieran oportunamente, de otro modo las tropas se verían en la necesidad de tomarlos por su cuenta. Dada la superioridad numérica y militar del invasor, las órdenes fueron cumplidas, mas como la leña no llegaba con prontitud, la tropa destruyó cercados y "trochileras" para proveerse de material combustible. Juan N Armendáriz y Joaquín Mendoza fueron requeridos por las fuerzas invasoras, quienes pretendían escarmentarlos por lo acaecido el 19 de abril pasado. Al salir de la villa, en su paso por la hacienda de Dolores, el comandante Mitchell arrestó a Domingo Armendáriz y a Fulano Moreno, por sospechar que fungían como espías para el comandante general Mauricio Ugarte, quien presuntamente se encontraba escondido en la región al frente de una fuerza de 160 hombres con las intenciones de robarles los caballos (Almada; Sin año, p. 65).

Las fuerzas estadounidenses se alejaron de territorio chihuahuense en su travesía hacia el sur. Tras la caída de la capital, la guerra oficialmente culminaría el 2 de febrero de 1848, con la firma del tratado de Guadalupe-Hidalgo y con la pérdida de extensos territorios.

No obstante la firma del tratado que ponía fin a la guerra, el estado de Chihuahua sería invadido una vez más por fuerzas estadounidenses. En marzo de 1848, una columna del ejército estadounidense comandada por el general brigadier Sterling Price avanzaba sobre tierras mexicanas. Escudándose en infundados rumores, Price pretendía defender los recién anexados territorios de Nuevo México de un posible ataque por parte de las fuerzas mexicanas. El ejército mexicano nunca apareció, por lo que Price decidió partir en su búsqueda internándose en territorio Chihuahuense. El invasor avanzó sobre la capital del estado, las fuerzas del general Ángel Trias abandonaron la plaza con la intención de reforzarse, Price partió en pos de las fuerzas de Trias y encuentra un contingente chihuahuense en Rosales, unos 100 kilómetros al sur de la capital. El 9 de marzo, Price demandaba la rendición incondicional de la plaza, el gobernador Trias rechazó la petición y el ejército estadounidense declara sitio en espera de refuerzos. El gobernador hizo lo propio, apelando al patriotismo chihuahuense se solicita a los jefes políticos de los diferentes sectores del estado enviar armas y voluntarios para combatir al invasor.

El 9 de marzo, el juez rural de la villa de Saucillo comunica a la villa de Jiménez del estado de sitio en el que 300 norteamericanos mantenían al señor gobernador en la villa de Rosales[xciv]. El teniente coronel Juan Nepomuceno Armendáriz partió en auxilio del gobernador el día 13, mientras que en Jiménez no cesaba el esfuerzo por reclutar hombres prestos a defender el honor nacional; se solicitaba al pueblo indio de San Buenaventura de Atotonilco enviar a sus "hombres útiles para el manejo del arco y la flecha", provistos de un arco y un carcaj con 25 flechas[xcv]. El encuentro se dio el día 16 de marzo, tras bombardeos y varios embates las fuerzas de Price capturaron la plaza. Los hombres reunidos por el jefe político de la villa de Jiménez apenas se encontraban en tránsito hacia Rosales cuando un correo les advierte de la toma de la plaza, por lo que decidieron dar marcha atrás[xcvi].

Semblanza de las fuerzas jimenenses

En un manuscrito dirigido al gobernador del estado, general Ángel Trias, el jefe político del cantón Jiménez, señor Agustín del Avellano, redactó los pormenores de la fallida marcha del contingente jimenense hacia Santa Cruz de Rosales. El documento describía las dificultades que el Señor Del Avellano enfrentó para reclutar y dotar de armamento y provisiones a los hombres que habrían de partir en auxilio de las tropas estatales sitiadas por el ejército estadounidense dirigido por el general brigadier Sterling Price. La composición de la guardia nacional jimenense bien puede ilustrar la naturaleza de las fuerzas militares del estado, integradas en su mayor parte por vecinos dedicados a la agricultura o a algún otro oficio manual, sin mayor preparación militar que aquella adquirida empíricamente a lo largo de décadas de oponer resistencia y presentar combate ante los fieros indios bárbaros. La misiva ilustra como recias manos acostumbradas al azadón optan por blandir una lanza, o apuntar con torpeza un fusil; el cómo hombres pacíficos, dedicados a una vida de ardua labor en aras de procurar sustento para sus familias, son capaces de abandonar sus tierras, bienes y gentes cuando sienten que su Chihuahua es profanado, cuando su voluntad se vuelca en defensa del honor de su patria.

Por órdenes del Señor del Avellano, el 9 de marzo de 1848, 100 hombres de la guardia nacional abandonaron Jiménez encabezados por "el oficial más antiguo, Don Trinidad Armendáriz," con dirección al valle de Santa Rosalía (hoy Ciudad Camargo) donde se reunirían con otro centenar antes de proseguir hacia la villa de Rosales para que en ese punto "fueran armados, municionados y montados con objeto de defender al estado de la invasión americana". Al momento de su partida la fuerza contaba con treinta carabinas "y una parada de cartuchos y una piedra de chispa", las armas fueron repartidas equitativamente entre los cuerpos de caballería e infantería. Tres días después, la Compañía Activa de la villa de Jiménez, se encontraba lista para encontrarse con sus hermanos y presentar la lucha en Rosales. La compañía se conformaba por una fuerza de treinta y seis hombres a quienes el jefe del ayuntamiento facilitó veintidós "caballos flacos" para su desplazamiento. La situación desesperada en la que se encontraban los sitiados, apuró al gobernador a solicitar refuerzos; el señor del Avellano recibió órdenes directas de reunir aun más hombres, ponerse él mismo al frente de ellos y acudir en socorro de las fuerzas estatales. Obediente, el señor del Avellano logró reunir "ocho o nueve vecinos y quince más de la guardia nacional". Ya sobre la marcha, el jefe político recibió un comunicado de Trinidad Armendáriz: los hombres que él comandaba, pertenecientes a la guardia nacional "hicieron resistencia" y se negaron a abandonar al valle de Santa Rosalía si no se les proveía de armas y cabalgaduras, la respuesta del señor del Avellano fue "prevenirles que marcharan inmediatamente, por la urgencia en que se encontraba el Supremo Gobierno". El amanecer del día 16 de marzo les sorprendió en las Garzas, a las cuatro de la tarde ya se encontraban en Saucillo. En este lugar recibieron a dos mensajeros, uno de parte de Rayo Sánchez Álvarez y otro de parte del general Armijo y el cura de Julimes. Ambos correos solicitando encontrarse en las inmediaciones de San Pablo (Meoqui). Ese mismo día, a las ocho de la noche, se recibieron noticias de la toma de la Santa Cruz de Rosales por parte del las fuerzas invasoras; "a la una de la mañana se confirmó el desgraciado suceso en contra de los mexicanos… contramarché con el sentimiento de no haberme sido posible avanzar en auxilio del Supremo Gobierno"[xcvii].

Es notoria la falta de organización y la indisciplina que imperaban en la guardia nacional; sin embargo, no es prudente juzgar apresuradamente a un puñado de hombres de campo por no estar dispuestos a encontrarse con una muerte segura sin más armas para procurar su defensa que sus manos desnudas. Las fuerzas estadounidenses se componían por 300 hombres, militares profesionales debidamente entrenados en el manejo de las armas, dotados no únicamente de modernos fusiles sino además apoyados por baterías de artillería. Se especula que las fuerzas estatales superaban el millar de hombres, aunque escasamente armados, en su mayor parte campesinos. La valentía y el celo patriótico chihuahuenses no se ponen en duda, ya que los habitantes del estado no tardaron en acudir al llamado del deber nacional poniendo como condición única el contar con las armas que les permitieran defender su suelo.

De la Reforma a la restauración de la República

Durante la década de 1850 se señala el derrotero a seguir para la joven República. Vuelve López de Santa Anna adoptando un gobierno de corte conservador. El cacique acapulqueño Juan Álvarez encabezaba la denominada revolución de Ayutla que despoja del poder a su "Alteza Serenísima". Durante el segundo lustro el timón del gobierno pasa a manos de un grupo de políticos con ideas de vanguardia, entre ellos un abogado de nombre Benito Pablo Juárez García. Impulsores de una legislatura que pugnaba por separar al estado de la iglesia; despojaron al castro y al clero de algunos de sus fueros y privilegios, estableciendo cortes y tribunales civiles. Como era de esperarse, aquellos sectores que sintieron mellados sus intereses no dudaron en enfrentar al gobierno, en una guerra entre hermanos consecuencia de las llamadas "leyes de reforma". Herederos de la Ilustración, los liberales pretendían llevar a cabo una reforma social que limitara los alcances de las autoridades eclesiásticas en asuntos de corte civil, sentando las bases de un estado laico.

> ...En la villa de Jiménez a los treinta días del mes de abril de mil ochocientos cincuenta y siete. Reunidos en la sala de las consistoriales, los funcionarios y empleados públicos de esta cabecera, ciudadanos jefe político propietario Luis Estavillo y suplente Juan del Avellano, regidor Miguel Cobos; sindico Silverio Duran, alcalde primero Manuel Plata y suplentes Francisco Estavillo y José Genaro Chávez, secretario Pedro Valenzuela, tesorero municipal Juan Gutiérrez, preceptor de la escuela Francisco Heredia, administrador de renta Avelino Chávez y el de correos Marcelo Mendoza con el fin de jurar la Constitución Federal de los Estados Unidos Mexicanos expedida por el Soberano Congreso Constituyente en 5 de febrero del presente año, publicada solemnemente el domingo próximo pasado de conformidad con el decreto de 4 del

que finaliza en la parte respectiva y deferidose dicho juramento para hoy por hallarse antes ausentes algunos funcionarios se procedió por el señor regidor como decano del H. ayuntamiento a tomar en juramento al señor jefe político propietario en la forma que establece el artículo tercero del expresado decreto y concluido lo tomo este a los demás funcionarios y empleados arriba citados llevando las analogías que preceptúa el segundo, cuyo juramento prestaron todos y cada uno de los señores mencionados libre y espontáneamente asegurando cumplir y hacer cumplir dicha constitución, con lo que se concluyo el acto que para la debida constancia se mando extender la presente acta que por duplicado y para los fines consiguientes firman todos; en el presente papel común por no haber en la oficina el que corresponde por anterior el secretario doy fe[xcviii]"

El documento anterior finaliza con las rúbricas de los mencionados funcionarios y manifestaba la fidelidad que al legítimo gobierno juraron las autoridades jimenenses. Tristemente, la pugna fratricida entre liberales y conservadores también habría de dividir y antagonizar a los habitantes de la villa, y a principios de 1858 se rumoraba el apego de "ciertos individuos" al plan de Tacubaya, que se oponía a la Constitución de 1857 y a aquellos que la secundaran. El 17 de abril, de 1858 prominentes ciudadanos se manifestaron a favor del movimiento encabezado por Feliz Zuloaga, entre ellos algunos de los que casi un año antes habían jurado defender la constitución; entre ellos se encontraba Avelino Chávez y Juan del Avellano, el presbítero Feliciano Cordero, los hijos de Juan Nepomuceno Armendáriz y algunos otros. El levantamiento no fructificó, y los anteriores fueron remitidos a las autoridades[xcix]. En averiguaciones posteriores, se determinó que el movimiento fue planeado por Juan Nepomuceno Armendáriz, un jimenense prominente cuya valentía en el campo de batalla nunca sería olvidada gracias a su implacable tenacidad en la persecución de los indios y a haber sido el primero de los habitantes de la villa en marchar contra el invasor estadounidense apenas una década atrás; en colusión con Armendáriz, actuó Juan Silva, el entonces jefe político de la cabecera[c]. Posteriormente la secretaría del Gobierno del estado de Chihuahua habría de determinar la puesta en libertad de los sediciosos, tras ser destituidos de sus cargos, una severa reprimenda pública y el juramento de no reincidir en actividades subversivas; posiblemente por tratarse de personajes prominentes dentro del ámbito social en la villa de Jiménez[ci]. Las pugnas entre liberales y conservadores cada vez se tornaban más cruentas, y el día 10 de mayo, el jefe de las fuerzas militares estatales, Esteban Coronado, solicitaba a al jefe político del cantón Jiménez, Filomeno Cano de los Ríos, el envío inmediato de una fuerza compuesta por 50 hombres "de aquellos que a su prudente juicio tengan mejores antecedentes y sean adictos a los principios liberales que sostiene el supremo gobierno", 17 días después a este contingente se sumaban 20 hombres más, encargados de defender la plaza de Hidalgo del Parral, mientras el grueso de la guarnición partía sobre Durango[cii]. El día 18 de Julio de 1858, el jefe político del cantón Jiménez recibía la noticia del triunfo liberal obtenido en Durango (ver Ilustración 1).

Ilustración 1: ¡Viva la Constitución de 1857!

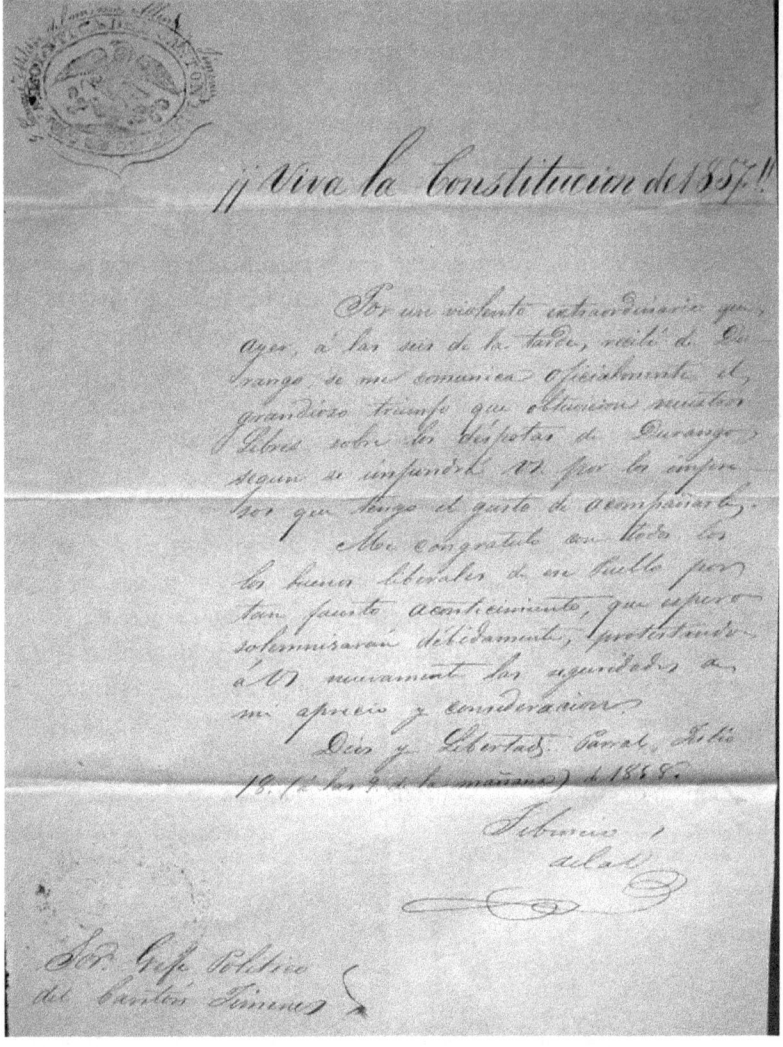

FUENTE: AHMJ, Bulto 1858, carpeta 'correspondencia Hidalgo,' documentos sueltos.

Una victoria temporal, ya que la guerra distaba mucho de llegar a su conclusión. Los jimenenses permanecían divididos. El 18 de septiembre se verificó un baile en el domicilio de Ignacio Portillo, durante el cual un concurrente pronunció un "viva a favor del plan de Tacubaya", las autoridades determinaron que el autor merecía una "pena corporal", mas como las declaraciones de testigos no apuntaban a ningún individuo en particular; prontos, los guardianes del orden público dedicaron sus esfuerzos a la averiguación del incidente.

En octubre, un grupo de labradores encabezados por Florentino de la O, Francisco Acosta, Miguel Gutiérrez y Jesús Cobos solicitaban al jefe político del cantón su intervención para recuperar las bestias con las que realizaban sus labores en el campo, ya que habían sido despojados de ellas durante los levantamientos en pro del plan de Tacubaya verificados durante el mes de abril. Los labradores acusaban a Juan Silva, quien fuera jefe político durante la época del despojo de haber autorizado a "unos cuantos hombres sin probidad conocida" a tomar sus bestias y utilizarlas para "que vagaran en ellas en pos de la consumación del desorden y en perjuicio de la agricultura"[ciii].

Los tulices

El gobierno liberal se encontraba cada vez más debilitado, el erario vacio y la situación insostenible. El conflicto se había extendido prácticamente a toda la República Mexicana y el mapa se teñía de pequeños bastiones tanto conservadores como liberales. La federación no podía garantizar la seguridad pública y surgieron gavillas de merodeadores que se dedicaban a asaltar caminos y saquear pequeños poblados y rancherías. Las inmediaciones del sur del estado de Chihuahua fueron víctimas de tales bandidos, quienes procedían de Durango y Zacatecas y recibieron el nombre de 'tulices[21]'. Las autoridades conservadoras toleraban la operación de los malhechores, ya que a manera de guerrillas minaban esfuerzos y recursos al atacar poblados cuyos jefes políticos se identificaban con los liberales. El general Domingo Cajén habría de unificar a las diferentes bandas de salteadores y ponerlas bajo su mando y al servicio de la causa conservadora; transformando a los desorganizados bandidos en una fuerza militar respetable que habría de someter Durango y el sur del estado de Chihuahua.

A principios de la década de 1860, la villa de Jiménez contaba con una fuerza de entre 40 y 50 hombres armados y montados, quienes al mando de Juan Nepomuceno Armendáriz protegían al cantón de los embates de los indios bárbaros. El jefe de distrito, en Hidalgo del Parral, recibió noticias que indicaban la presencia de cuatrocientos bandoleros en las inmediaciones del antiguo presidio de Cerro Gordo, declaró al distrito en estado de sitio y dio órdenes (el 11 de enero de 1860) al jefe político del cantón Jiménez de enviar sus fuerzas a las inmediaciones de Allende, poblado que se estimaba más vulnerable[civ].

El enfrentamiento entre el ejército conservador, al mando del español Cajén, y las fuerzas liberales lideradas por Octaviano López tuvo lugar en las inmediaciones del poblado de Talamantes, en las afueras de Hidalgo del Parral, el día 18. Se estima que las fuerzas estaban equilibradas, no obstante se impuso la pericia militar de la facción conservadora. Tras el triunfo, los tulices marcharon sobre Allende, entregándose a "toda clase de depredaciones", y prosiguieron sobre Hidalgo del Parral, entrando a la plaza sin resistencia alguna[cv]. El día 28

---

[21] Según el historiador chihuahuense Francisco R. Almada, el apelativo tulices se desprende de El Teul, Zacatecas, poblado del que se presume la procedencia de los bandoleros.

de enero, una fracción de los tulices comandada por Francisco Nuño, marchó sobre el poblado indígena de Atotonilco, donde se dedicaron a despojar a la población de objetos de valor y ganado; posteriormente prendieron fuego al edificio que contenía los archivos de tal población. En su declaración del día 26 de febrero, el acusado José María Muñoz se deslindo de toda responsabilidad, arguyendo que fue tomado como rehén por la facción conservadora y llevado ha tal poblado en contra de su voluntad[cvi]

Los franceses

El día 31 de mayo de 1862, el cabildo jimenense reiteró su apego a los principios republicanos y se comprometió a empuñar las armas contra el invasor francés, en caso de así precisarlos la nación mexicana[cvii]. Para 1864 la marcha hacia el norte se tornaba inminente, y el cantón Jiménez debía poner un contingente de 50 hombres al mando del capitán Jesús Moreno; sus gastos de traslado se determinaron en 35 pesos, y serian cubiertos por las oficinas de recaudación de rentas del estado[cviii].

El avance del invasor napoleónico era implacable (ver mapa 3); en agosto, el día 8, el jefe político del cantón Jiménez recibió órdenes de ocultar documentos que contengan información sensible, para evitar que caigan en manos enemigas[cix]. El día 26, se recibe en Jiménez un comunicado urgente: "fuentes fidedignas" anuncian la salida de Durango de un contingente compuesto por mil franceses en marcha hacia el estado de Chihuahua. En tono de alarma, se pedía a las autoridades jimenenses que conformaran un batallón y a la brevedad posible se dirigieran a la frontera estatal para cortar el paso al enemigo[cx]. Al día siguiente, el 27, se reunieron en la sala capitular los integrantes de la guardia nacional con la finalidad de nombrar a sus dirigentes y oficiales. Para la sección de infantería, Agustín Ponce fue electo capitán; Pedro Luján, teniente; como subtenientes Vicente Luján Blanco y Pedro Díaz; el sargento primero fue Ignacio Reyes, los sargentos segundos Nepomuceno Armendáriz, Pedro Duran, Pedro Salcido y Cruz Holguín. Los ciudadanos Jesús Valenzuela, Domingo Mendoza, Macedonio Jordán, Trinidad Sánchez, Teodoro Molinar, Agustín Morelos, Jesús Martínez, Jesús Regalado, Casimiro Holguín, Trinidad Holguín, Placido Uribe y Casimiro García recibieron el nombramiento de cabo. La sección sedentaria de caballería se compuso por el capitán Martín Cordero, el teniente mariano Gavaldón, el alférez primero Florentino Armendáriz, como segundo Antonio Lujan. El sargento primero fue Francisco Lujan y los segundos Gregorio Holguín, José Lujan, Amado Cobos y Joaquín Arciniega. Gaspar Rivera, Ignacio Castillo, Ramón Martínez, Fabián Acosta, Hermenegildo Galindo, Hesiquio Cárdenas, Eduviges Duran, Gabriel Parra y Luis Castañeda fueron nombrados cabos[cxi]. En apoyo a los contingentes tanto de caballería como de infantería de la guardia nacional, ciudadanos pudientes ofrecían armas y mozos; logrando reunir entre pistolas y rifles 45 piezas y 44 hombres[cxii].

En 1865 la situación empeoró, el ejército estatal a cargo del general Negrete precisaba voluntarios, armas, caballos y dinero para su manutención y sostenimiento; necesidad satisfecha a través de préstamos forzosos, que el gobierno se comprometía reponer en un futuro incierto. La villa de Jiménez se veía constantemente obligada a remitir bestias para montar y fanegas de maíz periódicamente, al grado en que los caballos comenzaron a escasear y los militares reclamaban al jefe político la poca utilidad de las monturas remitidas, ya que los equinos, famélicos, enfermos o de edad avanzada más que como asistencia se constituían en una carga mayor para el castro, por las atenciones adicionales que las bestias en tales

Mapa 3: La intervención francesa en el estado de Chihuahua

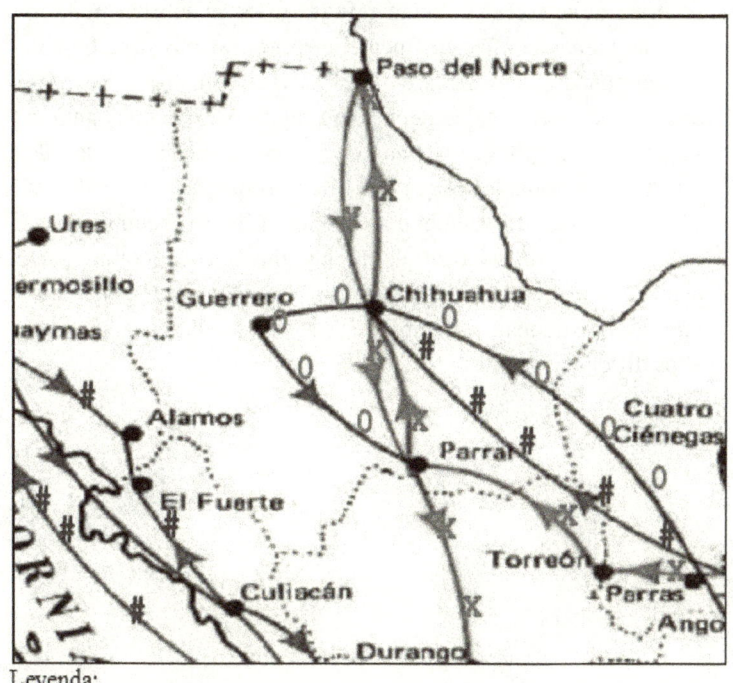

Leyenda:
X X Ruta del gobierno del presidente Benito Juárez.
0 0 Operaciones del ejercito republicano
Operaciones del ejército francés y las fuerzas imperialistas.

Detalle de: The War of the French Intervention, 1862-1867.Tthe University of Texas Libraries, The University of Texas at Austin. Tomado de
http://www.emersonkent.com/map_archive/mexico_1862.htm

condiciones demandan. Al igual que las monturas, las semillas y la carne comenzaron a escasear. Los voluntarios dejaban de serlo y desertan de las filas estatales, las más de las veces llevándose consigo los pertrechos a ellos proporcionados para combatir al enemigo. Las penas para los desertores eran severas; quienes les ofrecían refugio y los encubrían podrían ver sus bienes confiscados por el ejército, mismo si se trataba de hermanos o amistades de toda la vida. Muchas veces, los desertores al ser considerados como fugitivos se dedicaban a la vagancia y al pillaje, haciendo víctimas a los habitantes de rancherías y poblados pequeños. Mientras que la ciudadanía era víctima de excesos cometidos por los militares republicanos, quienes se aprovechaban de la ley marcial imperante para actuar impunemente. Por el norte, las incursiones bárbaras también castigaban al empobrecido cantón Jiménez. Fueron años difíciles.

De tierras y aguas
Las posesiones urbanas

El día 21 de septiembre, de 1827; María Josefa Prado se dirigió a través de un manuscrito, "en la mejor vía y forma", al señor juez militar y político del valle del Santo Cristo de Burgos de Huejuquilla. En la misiva manifestaba haber residido en la citada jurisdicción durante los últimos doce años, en calidad de arrimada "sin casa de habitación propia ni tierras que cultivar" y suplica se "examine y adjudique el solar de tierra que se considere realengo para ubicar casa de habitación", lo anterior de acuerdo a "la voluntad de Su Majestad de que se aumenten las poblaciones". La señora Prado finaliza el manuscrito describiéndose como persona de bien y manifiesta actuar sin malicia, solicitando rigurosa justicia. El señor Pérez, en su calidad de juez militar y político prometió dar pronta solución a la petición[cxiii].

      El relato anterior ilustra la manera en que los vecinos de la futura villa de Jiménez podían hacerse acreedores a bienes inmuebles, solicitando a las autoridades coloniales la dotación de solares realengos. El término realengo se aplicaba a las tierras que no pertenecían a la iglesia o a algún particular, y por lo tanto se consideraban patrimonio del monarca. La mayoría de las veces, las autoridades coloniales en el valle de Huejuquilla no tenían inconvenientes en asegurar la estabilidad de los habitantes mediante la dotación de solares para habitación y parcelas para cultivo (las mas de las veces adyacentes).

      Entre particulares también existía la transferencia de derechos de propiedad. Para evitar costos administrativos, los vecinos recurrían a contratos verbales o escritos no ratificados ante la autoridad competente. Al fallecer el vendedor sus sucesores (muchas de las veces ignorantes del acuerdo que transfería el derecho de propiedad sobre algún inmueble) reclamaban para si los bienes pertenecientes al difunto; como es de esperarse los litigios no tardaban en hacerse presentes. El día 28 de noviembre de 1821, acudió ante el juez María Dolores Cordero, vecina del valle Huejuquilla, con una escritura extraoficial. Mediante tal escritura, el difunto Francisco Cobos otorgaba a la señora Cordero un solar de diez varas de frente y seis de fondo (la longitud de una vara oscilaba entre los 7.7 y los 9.1 metros) "con todas sus entradas y salidas, usos y costumbres, derechos y servidumbres"; el juez suplente Rafael Mendoza no tenia empacho en ratificar la validez de la escritura y asentó en los libros oficiales el nombre de la compradora como legítima poseedora del lote en cuestión, así mismo ratificó otro acto de compraventa, mediante el cual la citada señora Cordero adquiría de manos de María Ugarte, un predio de catorce varas de frente por once de fondo en un precio fijado en sesenta pesos. El documento estipula, además, que en caso de ser víctima de algún tipo de engaño, con relación a la mencionada transacción, el comprador recuperaría la cantidad pagada y el equivalente al costo de las mejoras que se pudiesen haber realizado en el predio en el lapso de tiempo comprendido entre la entrega del terreno y el reporte del engaño. El plazo máximo para reportar un posible fraude se fijo en cuatro años[cxiv].

Al consumarse la independencia, todos aquellos lotes sin propietario aparente y presumidos como parte del peculio real –realengos- pasaban a ser propiedad de la nación; es ahora el ayuntamiento quien, en su calidad de representante local de la autoridad republicana, adquiría la facultad de disponer de los mismos en la manera que juzgara conveniente; ya sea edificando edificios públicos, repartiéndolos entre los vecinos o vendiéndolos para allegarse de fondos en caso de necesidad.

La muralla

Como ocurrió en 1857, cuando la pugna entre liberales y conservadores llevó a sus seguidores en pos de las armas. El ayuntamiento de la villa de Jiménez, fiel seguidor del gobierno federal encabezado por el licenciado Benito Pablo Juárez García, se vio en la necesidad de fraccionar el lote ocupado por el cuartel del antiguo presidio colonial de Santa María de las Caldas, mejor conocido con el mote de 'la Muralla' entre los habitantes del poblado, y rematar al mejor postor los solares resultantes; en un afán por contribuir económicamente al sostenimiento del errante gobierno federal.

El 27 de agosto, el cabildo de la villa de Jiménez, presidido por su jefe político, Luis de Estavillo, acordó que se pusieran en venta los solares mencionados en el párrafo anterior. Tras meses de deliberar y planear el fraccionamiento, el cabildo acordó que el terreno fuese dividido en seis manzanas cuya irrigación emanaría de la acequia madre del ojo de agua que corría a través de la Hacienda de Dolores. Las manzanas se dividían a su vez en solares, de diferentes tamaños cuyos precios variaban. Por ejemplo, la manzana que correspondía a la esquina formada por la intersección de la calle principal con la calle de la parroquia seria dividida en dos solares, uno de veinte varas de frente por cincuenta y cinco de fondo, con un valor nominal de noventa y cinco pesos; y otro de veinticuatro varas de frente y fondo igual al anterior, con un valor de ciento tres pesos[cxv]. El plano aprobado por el jefe político y los síndicos de la villa de Jiménez con relación al fraccionamiento de la muralla se ilustra en la imagen 1.

El señor Alejandro Carrejo Candía, actual cronista de Ciudad Jiménez, Chihuahua, se dio a la tarea de trasladar el plano referido en la figura 1 a nuestra época contemporánea. Según el trabajo del señor Carrejo; al referirnos a los trazos correspondientes a las calles posicionadas de manera horizontal, la primera de ellas, de arriba hacia abajo, corresponde a la actual calle Guadalupe Victoria (antes Calle de Soto); la segunda corresponde a la actual calle 5 de Mayo (antes calle de Mendoza). La calle marcada en el mapa como Calle de Agustín Cordero corresponde a la actual Calle Profesor José Acosta. Al observar las calles trazadas de forma vertical en el plano, de izquierda a derecha, encontramos la antigua Calle de la Parroquia (hoy Calle Ocampo); de forma paralela e inmediata se encuentra la antigua Calle Principal (hoy Calle Hidalgo). En tercer lugar tenemos la antigua Calle de la Habilitación (hoy Ojinaga); y en el extremo derecho se ubica la antigua Calle de la Amargura (hoy Calle Coronado).

166 | *La villa de Jiménez, pueblo chihuahuense, pueblo mexicano*

Imagen 1: 1857, plano que ilustra la división en solares del cuartel del antiguo presidio

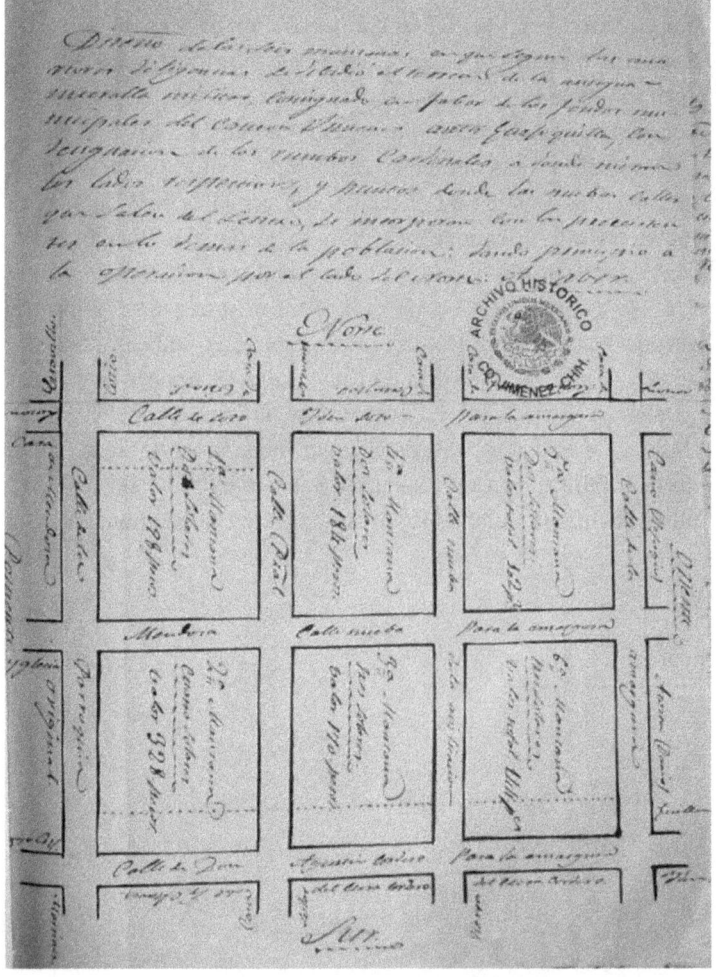

Fuente: AHMJ, 1855-1881 Actas de Intendencia; foja 10.

El día treinta de agosto de 1857, los vecinos de la villa de Jiménez recibieron el siguiente aviso:

> ...Habiéndose dispuesto por el H Ayuntamiento que tengo el honor de presidir, previa anuencia del Supremo Gobierno la venta de los solares en que se distribuyo el terreno de la antigua muralla se exita a las personas que tengan interés en alguno de ellos para fabricar casa, a fin de que concurran ante esta jefatura dentro del término de veinte días contados desde la fecha, donde se les dará razón de los que sean y el justo precio que ha sufrido cada uno de ellos.
> Sala Capitular de Jiménez. Agosto 30 de 1857...

La venta de los dieciséis solares repartidos entre las 6 manzanas reportó a las arcas municipales la cantidad total de mil ciento veintiséis pesos. La situación privilegiada de los mencionados solares dentro de la población contribuyó a su rápida venta: los edificios públicos y la iglesia se encontraban a tan solo escasos 3 metros de algunos de los lotes. Incluso desde antes de aparecer el aviso público, el rumor se había ya esparcido entre los vecinos y muchos de ellos se habían mostrado interesados. Pedro Gutiérrez pagó 106 pesos por un solar de 25 varas de frente por 52 de fondo, mismas que destinaria a la construcción de una vivienda[cxvi]. Avelino Chávez, quien se desempeñaba como jefe del ayuntamiento del poblado, compró en 112 pesos un lote de 36 varas de frente por 40 de fondo[cxvii].

Marcos Russek, dueño de Jiménez

En palabras del afamado historiador chihuahuense, Francisco Almada (sin año, página 94), la vida en la villa de Jiménez del señor Russek transcurre así:

> ...Pocos años después del triunfo de la República arribó a la Villa de Jiménez un israelita de nacionalidad polaca llamado Marcos Russek, quien se inicio desde luego en modestas actividades de carácter mercantil; allí contrajo matrimonio, formó una familia y concluyó por establecer en 1876 un negocio de comercio al que denominó "La Vencedora". A fuerza de constancia, economía y capacidad transformó su establecimiento en un de las casas comerciales más prósperas y fuertes del Norte de la República, que giraba los ramos de ropa, mercería, abarrotes, calzado, vinos y licores, maderas y representaciones bancarias y de seguros. Tenía anexa una fábrica de ropa hecha, adquirió la Hacienda ganadera de Los Remedios; además del despacho de mayores y menudeo y sus respectivas Oficinas, tenía siete bodegas en el barrio de la Estación del Ferrocarril, cinco de la Calle Coronado y tres en la del Cinco de Mayo y controló la totalidad de las acciones del Ferrocarril Urbano. Obtuvo también la representación de Compaña Harinera de Chihuahua, la de la Walter Pierce Oil Co. Y de otras empresas industriales y bancarias y su radio de acción se extendía a gran parte de los Estados de Chihuahua, Coahuila y Durango. El señor Russek falleció el 20 de mayo de 1910, sus herederos siguieron al frente de la negociación y un buen día de abril de 1913 entraron a la población las fuerzas revolucionarias del general Tomás Urbina y le pusieron fuego a "La Vencedora", que quedó reducida a un montón de escombros...

A finales del siglo XIX, en 1891, el ingeniero Tomás Torres recibió del comerciante Marcos Russek el encargo de realizar un plano de la mancha urbana de la villa de Jiménez. Dicho plano debía, además, resaltar las propiedades que dentro de esta área poseía el inmigrante polaco. La superficie ocupada por sus polígonos se registró en 187 hectáreas con 22 áreas, el equivalente a casi 2 kilómetros cuadrados[cxviii]. Para darnos una idea de la cuantía de sus propiedades consideremos que, 117 años más tarde, la mancha urbana actual de Ciudad Jiménez, Chihuahua, se estima en un poco más de 5 kilómetros cuadrados.

Bosquejo de una casa- habitación

En 1816, un vecino de Huejuquilla, Don Diego de Urquijo sufrió un tropiezo económico. Tras la ruina financiera y la quiebra sufrida por sus negocios, el comerciante de tabacos enfrentaba demandas solicitando la satisfacción de deudas y obligaciones. Ante la presumible ausencia de liquidez y agotamiento de sus activos, sus acreedores demandaban a las autoridades administrativas y judiciales, ubicadas en San José del Parral, el aseguramiento de los bienes personales y enseres domésticos de su propiedad[cxix].

Agustín de Siqueiros, ofendido acreedor, en un documento dirigido al Señor Capitán Don Gregorio Blanco, ofrecía un inventario realizado por él mismo, en el que detallaba las posesiones del señor Urquijo solicitando el aseguramiento de las mismas por parte de las autoridades.

El inventario de los bienes reclamados a manera de satisfacción económica por el señor Siqueiros nos ofrece la posibilidad de conocer –además de la deplorable situación financiera del Señor Urquijo- la vivienda de un vecino del valle de Huejuquilla a en 1816.

Se trataba de una vivienda de siete piezas con una huerta inmediata, cuya sala principal contaba con una mesa para jugar billar –todo un lujo para la época; una mesa grande y otra mesa más pequeña, redonda; cuatro escabeles, dos sillas de tijera forradas en baqueta, otra de madera y una banca grande. A la usanza de la época, y como botón de la influencia ejercida por la iglesia sobre la vida diaria de los vecinos, los muros estaban vestidos exclusivamente por pinturas de imágenes religiosas: un cuadro de Nuestra Señora de la Luz, otros de la Limpia Concepción, de Nuestra Señora del Refugio, de Nuestra Señora del Carmen y del Corazón de Jesús; imágenes de diversos santos: San Juan Nepomuceno, San Mateo, San Matías y San Vicente; contaba además con un Santo Cristo y un "Niño Dios de bulto" (imagino que se trata de una especie de pieza de escultura o alfarería en tercera dimensión y no de una imagen plana).

El mobiliario del dormitorio principal comprendía un baúl de madera forrado en baqueta -utilizado por la mujer del señor Urquijo para guardar ropa; dos cajas de madera vacías, una petaca del Nuevo México; una cama de tablas, una mesa de tijera y una alfombra vieja; un banco de tinajas y catorce estampas. En la cocina se encontraba un candelero con despabiladera, cuatro platos de China (porcelana); un jarro, dos vinagreras, una dulcera y un vaso, todos de cristal; dos candados con sus llaves, un comal de fierro, un cazo, un mortero con su mano y una piedra de metate. Una segunda cama servía de lecho al hijo del señor Urquijo. En la vivienda se encontraron también catorce estampas de papel y trece pantallas de bulto.

El señor Mariano Gabaldón, responsable de la realización del embargo, manifestó haber asegurado cuatro abrigos y un cajón quebrado, además de los bienes citados. Recordemos que el señor Urquijo era un empresario, clase que se situaba en los peldaños altos de la escala social; por lo que la descripción de su vivienda, aun cuando el dueño hubiese caído en desgracia, de ningún modo es representativa de las viviendas de la época o de la región.

El campo

El desempeño de labores productivas es vital para el desarrollo de cualquier sociedad, implica efectuar de manera constate y cotidiana una actividad que permita proveer de sustento al realizador y a su familia para asegurar la conservación de la especie. La base de la economía jimenense era de naturaleza agropecuaria (ver capítulo III).

El grueso de los hombres en edad productiva se dedicaba al cultivo de la tierra, y la mayoría de estos se constituía por pequeños propietarios independientes, denominados labradores; seguidos por los peones y sirvientes de las haciendas, quienes hacían lo mismo que los labradores solo que en beneficio de un tercero, el hacendado capitalista, a cambio de una retribución ya monetaria, ya en especie. No es entonces motivo de sorpresa el estimar las tierras fértiles como una posesión preciada; y considerarlas, junto con el acceso constante fuentes de agua potable para procurar su irrigación, como los bienes más codiciados entre los jimenenses.

Las tierras fértiles y el agua potable son bienes escasos, repartidos por la naturaleza de manera caprichosa entre los diferentes paisajes. Los hombres que deseaban para sí el usufructo del trabajo de la tierra debían asegurase primero el acceso a los mencionados recursos, ya fuera reclamando polígonos geográficos como propios y buscando la ratificación de tal reclamo por parte de las autoridades, para así legitimizar la propiedad de la tierra; ya fuera arrendando lotes previamente reclamados por algún tercero.

En épocas coloniales, cuando los indios bárbaros ahuyentaban a los pocos valientes que se atrevían establecerse en los rumbos de Huejuquilla, tierras eran reclamadas y abandonadas con frecuencia. En ocasiones, el área reclamada para sí por algún pionero se sobreponía en mayor o menor superficie al área previamente reclamada (y abandonada) por alguien más. Los linderos de las propiedades se definían vagamente, y nadie sabía a ciencia cierta, ni con exactitud donde terminaba una propiedad y comenzaba otra. Cuando los pobladores eran escasos y las tierras abundantes los conflictos relativos a las propiedades y sus colindancias fueron mínimos; sin embargo, el incremento de la población trajo consigo una mayor competencia por las tierras cultivables: la descendencia de los primeros denunciantes volvía a reclamar como propias aquellos lotes desdeñados durante décadas, al crecer los hijos reclamaban para sí porciones de las parcelas de sus padres, y los testamentos causaban agrias disputas entre quienes se proclamaban como legítimos herederos y exigían la minuciosa división y demarcación de sus propiedades. Al aumentar la densidad de trabajadores de la tierra en el área circundante a la villa de Jiménez se recrudecían las rencillas producto de aquella vaga demarcación de las propiedades, ya que los litigantes buscaban obtener el mayor perímetro posible para sí y reclamaban como propias porciones de las parcelas de sus vecinos.

El agua

Solo existía un bien más preciado que la tierra de labranza para el jimenense: el agua. Los labradores jimenenses irrigaban sus tierras con aguas del Rio Florido (al norte del asentamiento), del Ojo de Dolores (al suroeste) y del Ojo de Atotonilco (al oeste). Un sistema de canales y acequias surcaba a diestra y siniestra las tierras de cultivo, para distribuir el líquido vital que exigía la sedienta tierra a cambio de sus frutos. Las parcelas colindantes recibían el agua correspondiente a sus propietarios a través de un sistema de compuertas que desviaba el flujo del líquido sobre la superficie del sembradío hasta anegarlo por completo; posteriormente el flujo era vertido sobre el sembradío adyacente, así sucesivamente hasta saciar la sed de todas las parcelas que flanqueaban tal o cual acequia o canal. Consecuencia del incremento de las tierras de cultivo fueron las tensiones por los derechos sobre agua. El antes siempre abundante flujo ahora se repartía entre un número cada vez mayor de parcelas. El tiempo entre cada sesión de riego se ensanchaba, a tal grado que en ocasiones aquellas tierras que de manera diaria eran hidratadas ahora tenían que esperar varios días antes de que el flujo de la acequia se volcara sobre ellas. Por si fuera poco, los jimenenses debían compartir el agua de riego con sus vecinos del poblado indígena de Atotonilco, la Hacienda de Dolores, y la Hacienda de Santa María.

     Los derechos sobre el agua eran transferibles y susceptibles de ser comprados y vendidos como cualquier mercancía. El día veinte de marzo, de 1821, Manuel Armendáriz, en su calidad de alcalde segundo constitucional del Valle del Santo Cristo de Burgos de Huejuquilla, recibió a Juan José Rubio, vecino de Santa Rosalía (hoy Ciudad Camargo, Chihuahua) quien "vende en venta real y enajenación perpetua desde ahora y para siempre media agua con su respectivo chorro que tiene en este lugar" (sic) y se "aparta de la acción, derecho, señorío, dominio y propiedad que de la media agua tenia", la parte compradora otorgó a cambio la cantidad de cincuenta pesos, en reales, de contado. La nueva propietaria llevaba como nombre María Dolores Durán quien a partir de esa fecha tomaba posesión del líquido de manera permanente e irreversible para realizar con ella lo que su voluntad le indique, ya sea arrendarla, permutarla, regalarla o venderla. Firmaron como testigos Bonifacio Martínez y Zenón Luján[cxx].

La competencia por el vital líquido enfrentaba a los vecinos de manera permanente, causando divisiones entre familiares y amigos. Entre grandes y pequeños. Labradores reclamaban para sus sedientes tierras los minutos cotidianos necesarios para hidratar sus cosechas, mientras que celosos hacendados se mostraban renuentes a apartar el chorro de sus extensas e insaciables propiedades. En 1841, un grupo de labradores se unió para presentar un reclamo ante las autoridades jimenenses. Los ciudadanos labradores de la villa de Jiménez, expresamente aquellos que cultivaban las tierras de labranza conocidas como Jesús María (al oeste de la población) manifestaron "no poder sufrir tamaños males como los que les originan algunos hacendados", quienes al construir tomas de agua río arriba, y disponer del agua "a modo de presa" han disminuido gravemente el caudal "hasta secarlo con notabilísimo perjuicio a nuestra labor", a este reclamo se añadía otro, que de igual forma amenazaba la estabilidad del pequeño labrador independiente, la especulación que los hacendados hacían con semillas, ya que al actuar como monopolio podían manipular los precios para abaratar y comprar las cosechas de los labradores y después revender a precios elevados cuando las lluvias fueran escasas. Los angustiados campesinos suplicaban a la autoridad el hacer valer los derechos de riego que legítimamente ostentaban, y además solicitaban apoyo y ayuda para la adquisición de semillas durante temporadas adversas. Las haciendas de Santa María y San Pedro fueron las acusadas de acaparar el agua que fluía desde Atotonilco; y los señores Acosta fueron acusados de haber construido tomas clandestinas para comerciar con el líquido. El oficio dirigido al "cuerpo municipal de esta villa" fue firmado en fecha de

Agosto 31, por 14 campesinos, entre los que figuran Mariano Cobos, Nepomuceno Durán, Miguel Gutiérrez, Julián Rivera, Ignacio Mijares, Agapito Agustín, Francisco Durán, Fulgencio Martínez, Javier Chávez, Jesús Cobos, Miguel Antonio Durán, Pablo Cano, Marcelo Mendoza y Luis Mendoza[cxxi].

    La privación de los derechos de riego del pequeño productor a manos del hacendado fue algo característico en Jiménez durante el siglo en cuestión. En 1884, el litigante Manuel Lozano recibió un poder para representar al médico Ignacio María Ramos en una demanda que este último interponía en contra de Luis de Estavillo, hijo del acaudalado dueño de la hacienda más extensa de la región, la ya entonces centenaria Hacienda de Nuestra Señora de los Dolores. La demanda solicitaba a las autoridades municipales intervenir para obligar al señor de Estavillo a restituir y compensar a Ignacio Ramos por los daños que habían sufrido en sus tierras de labranza los cultivos al verse privados del necesario líquido durante días enteros. El demandado era acusado de haber desviado intencionalmente de su curso las aguas destinadas a la parcela del doctor Ramos; sin más intención que aquella de causar perjuicios a su vecino, puesto que las había vertido sobre tierras no labradas. El alcalde segundo José Gutiérrez admitió la demanda el 14 de abril, y comunicó al acusado el mismo día. Carlos Caballero, Agustín Marín, Manuel y Amado Díaz; de ocupación labradores, fueron citados como testigos. Secundaron la posición del representado de Manuel Lozano, y añadieron que Luis de Estavillo y Luján al ser cuestionado sobre sus decisiones los días del agravio había manifestado "que el respondería por todo". Al comparecer Luis Estavillo declaró el 25 de abril que "el asunto todo es una falsedad", que "el despojo dista de ser de materia criminal y a lo más es concerniente de materia civil"; su padre, francisco Estavillo solicitó al juzgado corroborar la veracidad de los testimonios ofrecidos por los testigos. Posteriormente en mayo 28, el acusado negó tener conocimiento del despojo del que se le acusaba, ya que ese día él se daba a la labor de verificar los riegos en las tierras de su padre. Francisco de Estavillo se tornó defensor legal de su hijo de 23 años, y argumentaba en defensa de este último la malicia al actuar del litigante Manuel lozano, a quien acusaba de exagerar los hechos, manipular testigos, y levantar calumnias en contra de su hijo, además de llevar la querella ante varios jueces y juzgados con la esperanza de que al menos ante uno de ellos proceda. El proceso fue entonces enviado a Camargo, 60 kilómetros al norte, para revisar si se habían guardado las formas legales pertinentes. El fallo de Camargo llega el 7 de noviembre y fue a favor de Manuel Lozano, y se nombró un perito para que estimara la cuantía de los daños sufridos por el doctor Ramos[cxxii].

El orden público

Las relaciones entre vecinos solían ser cordiales y pacíficas. Sin embargo, las fricciones entre pares se encontraban lejos de ser desconocidas. Como en todos aquellos lugares en donde las vías de interacción social sirven como conducto a diferentes intereses, llegando a ponerlos frente a frente, se hace necesario el arbitrio de la autoridad cuando las voluntades son incapaces de alcanzar acuerdos mutuamente satisfactorios.

Los conflictos que llegaban al juzgado de la villa de Jiménez, a pesar de presentar particularidades, podían clasificarse dentro de dos categorías: conflictos ocasionados por fricciones dentro de la convivencia diaria, entre los que figuran la alteración de la paz y el orden, las riñas, las faltas a la moral y a las costumbres (según lo mandado por la iglesia católica); y pleitos relacionados con intereses económicos, como reclamaciones para compensar daños y prejuicios, cobro de deudas, etc.

La jefatura política de la villa de Jiménez y de los asentamientos bajo su jurisdicción contaba con la autoridad suficiente para resolver la mayoría de los asuntos que ocurrían dentro de su demarcación; siempre y cuando por su naturaleza no fueran considerados ámbito exclusivo del gobierno estatal (como la reanudación fiscal y la regulación de la milicia cívica que combatía las incursiones bárbaras, por ejemplo) o del gobierno republicano. En ocasiones, las autoridades locales eran incapaces de resolver satisfactoriamente las querellas entre vecinos, ya fuera porque las inconformidades requerían un arbitrio superior o porque las partes opuestas se encontraban ante una situación de conflicto de intereses. El conflicto de interés no era una situación inusual; los funcionarios públicos eran a la vez miembros de la comunidad y participaban activamente dentro de la vida económica y social del poblado, susceptibles de convertirse en parte inconforme dentro de un proceso atendido por el juzgado.

Bandos de policía y buen gobierno

Para lubricar las relaciones interpersonales y conservar el orden, los vecinos que formaban parte del cuerpo del ayuntamiento determinaban una serie de normas que después hacían pública. Las normas exigían de los vecinos una conducta específica dentro de las áreas de salubridad e higiene, orden público y asuntos relacionados con la policía.

En 1837, los vecinos del cantón Jiménez recibieron del sub prefecto y los jueces de paz de la citada villa un documento compuesto por 17 artículos. De una manera poco elaborada se pretendió regular la limpieza de las vías públicas y el tránsito y permanencia de vagos o merodeadores. También se buscó salvaguardar la tranquilidad y el orden público prohibiendo correr a caballo por las calles, realizar bailes sin licencia, deambular en estado de ebriedad y "hablar deshonestidades que ofendan la moral cristiana". Al documento firmado el día 17 de febrero por Pedro Vélez Cossío se le añadieron artículos y normas nuevas, creciendo en complejidad y grado de elaboración[cxxiii].

Agustín Campos, labrador de 58 años de edad, fungía como síndico del ayuntamiento en 1849. El 28 de febrero presentó ante sus colegas funcionarios un proyecto compuesto por 26 artículos para formar el bando de policía y buen gobierno del partido Jiménez. En su manuscrito, el señor

El orden público | *181*

Campos planteaba la obligación de los propietarios o inquilinos de mantener limpio el exterior de sus viviendas, lo cual debían verificar los jueves y los domingos; obligación que se hacía extensiva a los encargados de iglesias, escuelas y establecimientos públicos. Los corrales y los lugares destinados para el sacrificio de ganado deberían encontrarse limpios y ventilados. Los establecimientos comerciales deberían contar con letreros para su identificación y los comerciantes de vegetales deberían abstenerse de ofrecer sus bienes en la vía pública y limitarse a la plaza de armas. Los dueños o encargados de billares debían cerrar sus puertas al toque de queda. Los bailes deberían contar en todo momento con la presencia de algún elemento del cuerpo de policía para evitar "que se turbe el orden". Los encargados de cualquier establecimiento tendrían la obligación de evitar gritos y riñas dentro de sus locales. Los baños dentro del río quedarían desde ahora prohibidos hasta nuevo aviso. Los vecinos no podrían dejar sus casas durante el curso de la noche, salvo emergencias o durante procesiones religiosas. Los dueños de carros y carretas deberían pagar al ayuntamiento para ayudar a costear la limpieza de las acequias "ya que de sus carros se desprenden semillas y otros desechos". Estrictamente prohibido quedaba lavar la ropa en las acequias que cursaban la villa. Si un cerdo deambulaba por el poblado, el comisario de policía lo encerraría en la cárcel municipal, hasta que su dueño apareciese y pagase la multa correspondiente (4 reales), en caso de no aparecer propietario en un lapso de 3 días, el cerdo sería vendido. Expender licor después del toque de queda ameritaría una multa de 5 pesos y 15 días de arresto[cxxiv].

Avelino Chávez, también elaboró un proyecto de bando de policía, y lo presentó al jefe del ayuntamiento el 16 de marzo de 1849. El manuscrito contaba con 20 artículos. El reglamento tentativo recalcaba la necesidad de mantener limpio el exterior de las propiedades, regulaba la fabricación de adobes. Prohibía la entrada de menores de edad y criados domésticos a billares y lugares de juego; los empleados de talleres y labranza solo podrían acudir a estos lugares después de las 3 de la tarde, en días de trabajo; en días festivos únicamente podrían concurrir después de haber asistido a la misa mayor (conducta cuyo cumplimiento debía asegurarse por el encargado del establecimiento en cuestión). El juego de pelota se prohibía en la vía pública y los naipes eran proscritos aun de las viviendas. Las carreras de caballos también quedaban prohibidas. Vagos, merodeadores y mendigos serian arrestados[cxxv].

      Finalmente, el 16 de abril del año en cuestión, el jefe político, Agustín del Avellano, y el secretario del ayuntamiento, José Juan Villarreal hicieron público el documento que se muestra en la imagen 2. Mismo que, con ligeras variaciones, sintetizaba lo planteado por los señores Campos y Chávez[cxxvi].

El orden público | 183

Imagen 2: 1849, Provisiones relativas a la policía, salubridad y seguridad pública (fragmento).

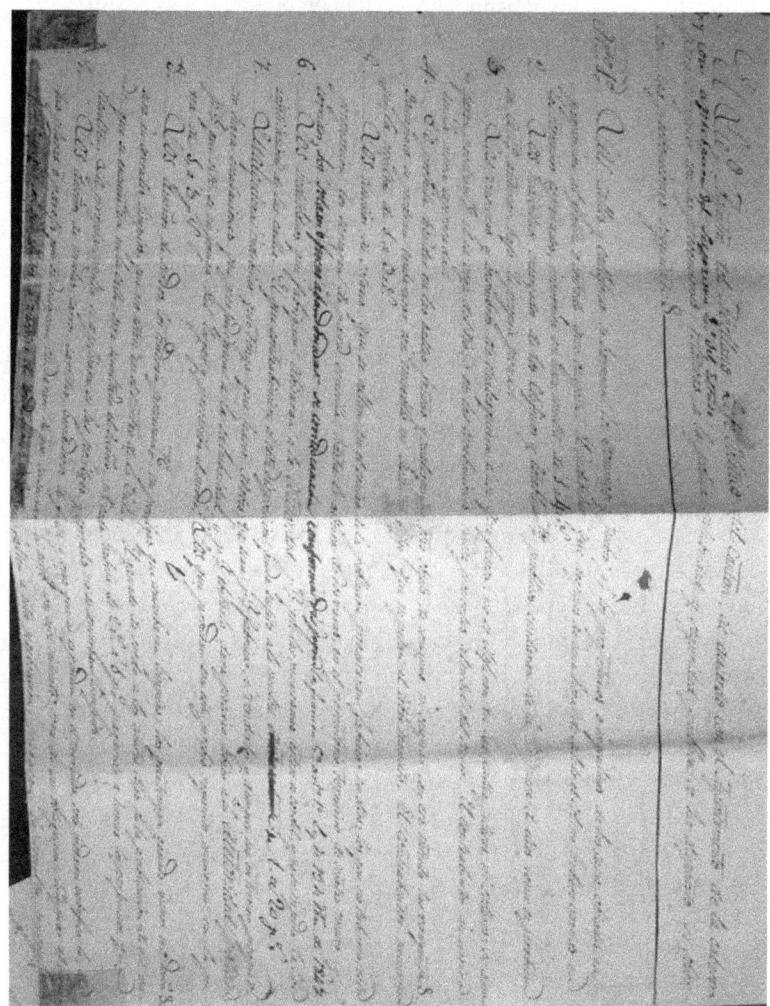

Fuente: AHMJ, 1849. Carpeta "bando de policía y buen gobierno". **Foja 6-9.**

El día segundo de abril de 1864, el jefe político del cantón Jiménez, Narciso Acosta, y su secretario, Pedro Valenzuela, publicaron un nuevo bando de policía y buen gobierno. En realidad, el documento conservaba los artículos ya publicados en el bando de 1849 y agregaba nuevas normas para sumar un total de 56 artículos, redactados en un tono un poco más conservador. Los vecinos que componían el cuerpo del ayuntamiento consideraron que "las naciones ponen siempre su esperanza en la juventud", y en su afán por mantener a los jóvenes alejados de "abusos perniciosos para su corazón", se recalcaba la prohibición de efectuar en las "calles, plazas o cualquier otro lugar" juegos de azar tales como "los pares y nones, el cuatro, loza y chilicote, de donde resulten mal a las familias". El "abuso de cantar canciones por las calles, dar gritos por estas y mucho mas después del toque de silencio" pues tal costumbre se consideraba "propia de las tribus salvajes" quedaba estrictamente prohibido. En cuando a los juegos: los infractores debían pagar una multa de uno a cinco pesos, o realizar quince días de trabajos forzados. Los padres tenían la obligación de enviar a sus hijos mayores de 6 años a la escuela, así como de avisar al preceptor cuando el menor estuviera incapacitado para acudir. Como era conforme "con las reglas de una buena policía" la matanza de perros únicamente se podía realizar una vez al año, en los meses de noviembre a marzo[cxxvii].

La paz y el orden

La mayor preocupación encarada por los servidores públicos encargados de hacer respetar las leyes consistía en mantener el orden público. Los ánimos de los vecinos de Jiménez difícilmente se inflamaban, la turbulencia política del centro de la república rara vez hacía eco en el corazón de la población al punto de ser menester el empleo de la fuerza pública. El abuso en el consumo de bebidas alcohólicas junto con el deseo de defender el honor y la dignidad propios (por medio de la violencia) se convirtieron en la causa principal de multas y arrestos.

Las relaciones íntimas fuera del matrimonio se consideraban motivo de encarcelamiento. El treinta de marzo de 1821 acudió ante Manuel Armendáriz, alcalde segundo constitucional, el señor José Sáenz. El asunto a tratar era sumamente delicado, ya que un hijo suyo, Mariano Sáenz, había sostenido relaciones sexuales con una doncella, hija de Cosme Muela, y se encontraba recluido en prisión. Para conseguir que Cosme Muela perdonara a Mariano, se acordó que este último debería dotar a la citada doncella "con lo que rindiese la mitad de su trabajo personal hasta tanto se ponga en estado" –esto es se confirme el embarazo-, y que "si en ese intermedio muriese, se sepultara en su cofre" – de los Sáenz-. El padre se ofrece como garante del hijo, y se comprometió a hacer cumplir lo acordado[cxxviii].

Joyitas

El profesor Alejandro Carrejo Candía, actual cronista de Ciudad Jiménez, sumergiéndose en el archivo histórico municipal de la citada población hace un recorrido a lo largo del siglo XIX, destacando –entre temas diversos- situaciones relacionadas con los habitantes de la villa y su consumo de bebidas espirituosas, en una colección de fragmentos a los que denomina 'joyitas'. Por voluntad expresa del señor Carrejo los nombres de los infractores son omitidos para evitar ofender el pudor de su descendencia.

En 1823 varios vecinos fueron detenidos por las autoridades bajo los siguientes motivos: "Por ebrio estólido e insultos a la policía", "Por haber lastimado con groserías la sensibilidad del gendarme núm. 11","Por ebrio escandaloso, habiéndole pegado una bofetada por detrás al gendarme núm. 12", "Por ebrio y por adulteración del idioma de Cervantes", "Por ebrio y escandaloso, haciendo lujo de un palabrerío que enrojecería las flácidas mejillas de la más barata mesalina", "Por ebrio y escandaloso, creyendo erróneamente merecer laureles y palmas por obscenidades proferidas con toda la fuerza de sus alcoholizados pulmones", "Por haber insultado soezmente, con palabras licenciosas llenas de dolo, a voz de cuello, bajo la influencia enervante del alcohol"[cxxix].

Las pasiones sanguíneas también solían nublar el pensamiento del jimenense del siglo XIX; por ejemplo, en 1850, en la cárcel de la población "se halla un preso por haberle dado unos garrotes a otro por haberlo hallado en la noche dentro de su casa y tener sospecha de que trata a su mujer, le rompió la cabeza en dos partes, pero no de gravedad[cxxx]".

Las mujeres no estaban exentas de rendir cuentas a la justicia, ese mismo año "…se mandó a (nombre de mujer) para el Juzgado Primero de esa Villa por haberle roto la cabeza a (nombre de mujer) y haberle hecho tres cribas en la cabeza y el hombre (¿?) y aun permanece en aquel juzgado la agresora, por celos que tuvo de su marido"[cxxxi]. En 1895 "una mujer fue recogida en el primer periodo de la embriaguez" y otra fue "arrestada por insultos obscenos y además que en público se levantaba la ropa"[cxxxii].

A veces el comportamiento de los vecinos era inesperado; como en 1892 cuando "un individuo fue a la cantina de las Señoritas. Estavillo a comprar una botella de tequila y le faltó un tlaco para el precio, entonces Rafael A. dijo a las Señoritas. Aquí esta una prenda por el tlaco y desnudándose los calzones les enseño el trasero[cxxxiii]", evidentemente fue detenido. O como cuando en 1895, "Emilio Anaya propone pagar a la Tesorería Municipal sus contribuciones con confeti a razón de noventa y cinco centavos el kilo[cxxxiv]", el ayuntamiento aceptó.

Festividades y tiempo libre

En la América española las festividades sin duda representaban una ruptura con la rutina para el ciudadano de a pie; a primera vista podría tenerse la impresión de que por unos cuantos días éste podía abandonar sus largas y tediosas jornadas laborales, darse a la tarea de contemplar espectáculos fuera de su realidad cotidiana para después entregarse a actividades placenteras. Sin embargo, análisis más profundos señalan que las festividades colectivas tenían como propósito perpetuar el orden social imperante (Beezley, Martin, French; 1984). Ángel López Cantos (1992) compara los festejos coloniales con una monta en escena que duplicaba las relaciones de poder madrileñas. Cual rol teatral, el papel desempeñado durante los festejos por un ciudadano variaba de acuerdo a su status social. Según a lo anterior, la categoría de protagonista correspondía al rey; por motivos entendibles el monarca español se encontraba imposibilitado para presidir todas las celebraciones y festejos que sobre sus dominios se verificaban, por lo que los organizadores del evento se conformaban con representarle a través de un cuadro o una escultura. Como coprotagonistas, las autoridades del lugar suplían con su investidura política la ausencia física del rey, encargándose de presidir el acto en cuestión luciendo sus mejores galas. Los papeles secundarios correspondían a los ciudadanos distinguidos, grupo que solía abarcar desde funcionarios de alto rango hasta mineros, comerciantes y hacendados adinerados –quienes las más de las veces eran al mismo tiempo funcionarios de alto rango. El conjunto de ciudadanos distinguidos se constituían en el séquito de la autoridad local y le acompañaban durante la realización del festejo. La plebe no tenía mas papel en la función que el de fungir como mero espectador (además de realizar el trabajo invisible para la puesta en escena, como limpiar el lugar donde se realizaría el acto y construir las vallas, tarimas, templetes, etc. necesarios durante el festejo) y contemplar con gran asombro un mundo efímero lleno de esplendor, casi de fantasía. Tras la consumación de independencia, huelga decir, el monarca español cede su papel de protagonista al presidente de la república o a las autoridades estatales. De acuerdo a su naturaleza, los festejos podían clasificarse en dos grupos, las fiestas solemnes y las fiestas súbitas.

Fiestas solemnes

El conjunto de celebraciones y manifestaciones públicas con base directa en creencias impuestas por la iglesia católica recibían el nombre de fiestas solemnes, o fiestas de guardar; de observancia forzosa y obligatoria – de ahí se desprende su nombre. Las fiestas solemnes eran distribuidas a lo largo del año mediante el calendario litúrgico. Las principales festividades religiosas fueron el Corpus Christi, que conmemoraba al sacramento el 31 de agosto; la Semana Santa, a partir del Domingo de Ramos (o Palmas) hasta el sábado próximo inmediato (Sábado de Gloria); el día de Santiago Apóstol, patrón de España, que se festejaba el 25 de julio. A las anteriores seguían en importancia las fiestas patronales regionales. La forma y pompa de celebración variaba de acuerdo a la localidad donde esta se realizara, sin embargo el ritual al ser regido por la iglesia solía ser prácticamente el mismo, y las más de las veces comprendía una procesión y, al menos, una misa solemne.

Las fiestas súbitas y repentinas comprendían la conmemoración de fechas relacionadas de algún modo con la autoridad política. De carácter único o recurrente, las más importantes solían ser la proclamación al trono de los reyes de España, sus onomásticos, el nacimiento de sus descendientes, bodas reales, la visita de algún funcionario, el deceso de algún personaje, una victoria militar, etc. Las fiestas súbitas no eran obligadas por la iglesia, sin que por esto se entienda que la iglesia estaba desligada. La iglesia jugaba un papel primordial en dichas celebraciones, no únicamente por oficiar una misa especial de acuerdo al día en cuestión, sino porque las autoridades religiosas regulaban las actividades lúdicas que se permitían y las que debían proscribirse, con la finalidad de conservar la compostura, la decencia y las buenas costumbres de la grey.

Fiestas súbitas

La consumación de Independencia afectó de manera profunda las fechas que serian conmemoradas por los mexicanos. Al conservarse el catolicismo como religión única y oficial, las fiestas de guardar sufrieron ligeros cambios; el más notable de ellos fue que el apóstol Santiago cedió su lugar como patrono del foro a la Virgen de Guadalupe (cuya fecha de conmemoración se ha marcado en los calendarios sobre el doceavo día de diciembre), sitio que hasta la fecha conserva de acuerdo a los católicos mexicanos. Las fiestas súbitas ya nunca volverían a ser las mismas. Para las emergentes naciones resultaba inconcebible continuar rindiendo pleitesía a la realeza ibérica ya que esto significaba continuar con la representación de un ritual que simbolizaba aquella sumisión que con vidas y sangre se había conseguido romper. Embriagados por el optimismo de quien por primera vez se siente dueño de su destino, los mexicanos comenzaron poco a poco a marcar sus propias festividades cívicas sobre un calendario en blanco. El día del grito de Dolores reclamó para sí el lugar principal en el almanaque, ya que los mexicanos relacionaron ese día con el inicio de la lucha que diez años y unos cuantos días más tarde les permitiría conquistar el derecho a la autodeterminación. Una pléyade de personajes que se distinguieron por su menor o mayor grado de intervención en la conquista de la independencia comenzó a poblar un flamante panteón de héroes nacionales, cuyos meritos habrían de constituir la semilla de la cual se desarrollaría una identidad nacional propia y unificadora. Poblados a lo largo y ancho del territorio nacional modificaron sus nombres adoptando aquellos inscritos sobre las páginas de la recién comenzada historia nacional.

Los habitantes del otrora presidio vivían una vida sencilla, sin grandes complicaciones. Las autoridades eclesiásticas y gubernamentales regulaban las actividades de esparcimiento al alcance de los jimenenses. En primer lugar, el calendario litúrgico católico determinaba aquellas fechas dignas de conmemoración, en torno de las cuales giraban una serie de ritos y manifestaciones públicas de devoción (vigilias, procesiones, rosarios, novenas, etc.) a cuyo término, con la venía del párroco local (y la sanción de las autoridades correspondientes), y tras cumplir con sus deberes espirituales, los jimenenses podían organizar una serie de distracciones de carácter menos espiritual. En segundo lugar, a medida que avanzaba el siglo XIX, los jimenenses comenzaron a abrazar festividades conmemorativas de acontecimientos fundamentales para el desarrollo de la nación mexicana tras la consumación de la independencia.

Los toros

Sea cual fuere la fecha a conmemorar, e independientemente de peculiaridades cívicas o religiosas, la actividad favorita de los jimenenses consistía en organizar corridas de toros. Cierto es que el gusto por las corridas de toros fue adquirido durante la administración colonial como parte de la herencia cultural recibida de los peninsulares, e igual se celebraba en la Huejuquilla chihuahuense como en el resto de la América española, en la antigua Iberia y el sur de Francia.

La organización de las festividades taurinas corría a cargo del ayuntamiento local. Sin embargo, este debía solicitar licencia a la autoridad superior inmediata. En 1826, el 14 de noviembre el gobierno local solicitó al gobierno del estado la concesión por cinco años de una licencia para efectuar corridas de toros durante la semana de "pascua navideña". La finalidad pretendida era proveer de fondos a las arcas locales y destinarlos a la adquisición de semillas "para proveer al público en años calaminosos (sic)[cxxxv]". La jefatura de Allende, autoridad superior inmediata del ayuntamiento de Huejuquilla, había negado previamente la concesión de tal licencia, por lo que el jefe político de los habitantes del antiguo presidio de Santa María de las Caldas llevaría su solicitud hasta las autoridades estatales. El 4 de enero de 1827, en misiva firmada por José Antonio Arce, una vez más la petición fue negada[cxxxvi]. Ante la insistencia de los jimenenses y arguyendo mirar por el bien y seguridad de los comitentes a tal espectáculo, el gobernador del estado en su circular número 5 del 19 de julio de 1828 decretó la prohibición de las corridas de toros en toda la extensión del territorio ocupado por el estado de Chihuahua[cxxxvii], tanto las públicas como las realizadas de forma particular. Los infractores de tal disposición podían ser multados con 100 pesos o castigados con tres meses de trabajos en obras públicas, además de ver suspendidos sus derechos como ciudadanos durante un periodo de un año. La pena era doble para la autoridad que consintiera y tolerara que tal decreto fuera pasado por alto.

Como corridas de toros, las autoridades estatales entendían todas las diversiones realizadas con ganado vacuno, salvo las necesarias para su domesticación y "los actos para hacerlo útil al servicio y mantenimiento del hombre".

Las corridas de toros que formaban parte importante de la herencia española, ora se prohibían, ora se permitían. En 1867 se gastaron 309 pesos durante la realización de la fiesta taurina. Los músicos cobraron 32 pesos; 28.5 pesos se destinaron al torero y el picador, el resto sirvió para satisfacer el costo de los toros sacrificados, para alquilar caballos; sueldos y salarios de cuidadores, mozos, etc.; así como procurar la confección de la indumentaria correspondiente a los actores de la fiesta brava. Las entradas sumaban 330.74 pesos, redituando al ayuntamiento un ingreso de veinte pesos con veintiséis centavos. El señor Albino Muela era el encargado de organizar las corridas[cxxxviii].

El juego y las apuestas

Los jimenenses también solían satisfacer sus momentos de ocio mediante la realización de diversiones consistentes en algún tipo de destreza física. Las pruebas de velocidad eran comunes y se ejecutaban a caballo o a manera de carrera pedestre. Sin embargo, eran pocos los habitantes quienes contaban con equinos propios para competir y la mayoría de los adeptos a las carreras lo hacían corriendo sobre sus extremidades inferiores. En ocasiones administradores o dueños de haciendas hacían alarde de la velocidad de alguno de sus respectivos peones o sirvientes y acordaban competencias ente ellos.

Era común que se verificasen apuestas en dinero o en especie; más al haber sumas monetarias en juego en ocasiones las cosas terminaban mal, como ocurriera en 1840. El primero de febrero, el ministro auxiliar de policía de la hacienda de la Ramada llamó a comparecer a los señores Miguel Montalvo y Félix Reyes. El motivo se debía a una demanda interpuesta en su contra por un carpintero de 30 años de edad, José Lara, quien acusaba al señor Montalvo y al señor Reyes de no querer verificar el pago de una apuesta "de una carrera de a pie que corrieron". Los demandados eran sirvientes de Estanislao Holguín, y este último se dio a la tarea de indagar lo ocurrido para involucrarse en su defensa. En misiva dirigida al juez de paz de la villa de Jiménez y fechada el día 9 de febrero, el señor Holguín manifestó que al enterarse de la demanda por una cifra exorbitante en perjuicio de sus sirvientes (la cantidad no se especifica) se dio a la tarea de indagar por cuenta propia el origen y circunstancias de tal carrera. Sus hallazgos, según manifestó, señalaban fraude por parte del corredor de José Lara; quien ofreció a sus contrarios entregar la carrera a cambio de una fracción de la apuesta. El señor Holguín, por los medios a su alcance, trató de evitar que sus empelados acudieran a comparecer arguyendo que al tratarse del mayordomo y su ayudante, sus negocios se verían severamente afectados al faltar ambos. El labrador de 56 años, marido de francisca Cano y padre del joven Esteban Holguín expresaba que "esta clase de juego es más perniciosa que los naipes" y trataba de invalidar la demanda alegando que la citada carrera se realizó de forma ilegítima, "sin licencia ni aquiescencia de ninguna autoridad[cxxxix]". Lo anterior era representativo de la inclinación de los habitantes de la región por el juego y las apuestas; a lo largo del siglo XIX las autoridades locales realizarían una serie de medidas para controlar y prohibir el juego entre los habitantes del partido.

La casa de sociedad

Además de corridas de toros, los jimenenses gustaban de acudir a 'Casas de Sociedad'. Las casas de sociedad eran establecimientos en donde los ciudadanos mayores de edad convivían unos con otros, ya fuera disfrutando de música, poesía, declamando, poniendo en escena pequeñas piezas teatrales o uniéndose al baile. La Villa de Jiménez no contaba con Casas de Sociedad establecidas de manera permanente, los ciudadanos interesados en tener a su cargo un establecimiento de este tipo debían tramitar ante la jefatura de partido una licencia que avalara su legal funcionamiento. Las casas de sociedad aparecían, al igual que las corridas de toros, en temporadas especiales, como la pascua navideña, por ejemplo. La iglesia Católica no veía con buenos ojos la concurrencia a este tipo de lugares ya que los religiosos estimaban que estas tertulias promovían la disolución de las buenas costumbres, el libertinaje y hasta la sedición y rebeldía ante las autoridades civiles, sin embargo, la mas de las veces no podía más que tolerar con dentadura apretada la apertura por unos cuantos días de la Casa de Sociedad.

Los señores Gaspar Cordero y Avelino Chávez eran asiduos promotores de este tipo de esparcimiento, como lo demuestra un documento con fecha del 11 de diciembre de

1840. El documento dirigido al subprefecto del partido solicita licencia –y demanda premura en su expedición- para abrir una casa de sociedad durante la semana de pascuas navideñas. Ambos jimenenses ofrecen parte de las utilidades a las escuálidas arcas municipales: "una suma de que tanto necesita para cubrir sus indispensables gastos"; se comprometen a velar por que en su establecimiento no se efectúen juegos prohibidos y ofrecen su libertad y sus posesiones en prenda para garantizar su compromiso. De acuerdo al artículo 150 del reglamento del 20 de marzo de 1837 (en vigencia), el ayuntamiento poseía la facultad de contratar toda clase de diversiones –entre ellas otorgar tal licencia- y de determinar la cuota que considerara correspondiente, siempre y cuando se contara con la anuencia de la prefectura. Los Señores Chávez y Cordero, desesperados por la dilación que las autoridades en Hidalgo del Parral mostraban en atender el asunto presionaron al ayuntamiento local para que les permitiera operar de manera provisional durante el lapso que tomara a la jefatura de distrito llegar a una conclusión. El señor Cordero y el señor Chávez tenían al comercio como ocupación, y en su ejercicio habían podido situarse dentro de los vecinos de la villa que contaban con los mayores ingresos; de acuerdo al padrón de 1841 (mismo que se verifico en enero, apenas unas cuantas semanas después tramitar la licencia para abrir la casas de sociedad), Gaspar Cordero era casado, de 40 años de edad, padre de 4 jóvenes menores de 16 años cuyas rentas u oficio le proporcionaban 25 pesos mensuales; Avelino Chávez, de 30 años de edad, casado, percibía por el mismo concepto la cantidad de 15 pesos al mes[cxl].

Para darnos una idea de la liquidez económica de estos individuos tengamos en cuenta que la gran mayoría de los oficios y ocupaciones, de acuerdo al mismo padrón, reportaban una cantidad inferior a los 10 pesos (ver cuadro 11, capítulo demográfico). Los emprendedores comerciantes, por medio de influencia e insistencia, recibieron la anuencia del ayuntamiento para operar de manera provisional, en lo que se verificaba la licencia por medio de las autoridades de la prefectura, comprometiéndose a hacerse responsables ante las sanciones y reclamos que pudieran en su contra levantarse en caso de que el correo trajera noticias negativas a su petición. Todo resulto de acuerdo a lo esperado, tras la incertidumbre padecida por los socios durante más de una semana, se recibió un oficio, el 24 de diciembre, que verificaba la licencia provisional que fuese expedida por el jefe del ayuntamiento jimenense. De este modo, los jimenenses con los medios suficientes, tendrían acceso durante una semana a las diversiones y pasatiempos para ellos reservados en la casa de sociedad[cxli].

En 1873, José María Cordero y Villarreal envió una misiva al CC presidente y vocales de la junta municipal, en la cual expresa que "en este lugar se carece de los puntos de reunión a que se hace indispensable que concurra la buena sociedad para lograr los ratos de distracciones permitidas", en el citado documento solicita anuencia para establecer en la Villa de Jiménez una casa de juegos de azar, que opere los fines de semana y los días festivos –"sean nacionales o religiosos"- a partir de las 7 de la tarde del sábado y cierre sus puertas el domingo a las 12 de la noche, para cubrir tal vacio. José Cordero, hijo de Gaspar Cordero (pionero de las casas de sociedad –ver párrafo anterior) se comprometía a cumplir con las siguientes condiciones de operación: De forma mensual pagaría 3 pesos al ayuntamiento; no permitiría la entrada de niños menores de 12 años a su establecimiento; el domicilio se situaría en un paraje público, al que la autoridad tuviera libre acceso para "vigilar sobre los desordenes que en dicha diversión puedan cometerse"; "Hacer que se guarden en dichas reuniones el orden, moral y decencia que determinan las leyes de una buena sociedad[cxlii]".

No se tiene mucha información acerca del oficio más antiguo del mundo, sin embargo se sabe que para 1895 existía un prostíbulo llamado "Las tres mujeres". A principios del siglo XX, dos mujeres son "recogidas en la estación por la policía por haber andado dando vueltas por lo obscuro como huyendo de que no las viera la policía hasta que se metieron en un cuarto con dos hombres que no son ni sus maridos ni sus queridos…. Una de ellas ha estado aquí pasando la vida como clandestina…"

El gobierno conservador

Los valores y la moral parecían haberse corrompido a principios de la década de 1850. Las prácticas degenerativas no eran privativas de la villa de Jiménez, sino que constituían un mal que se había propagado por toda la extensión de la República Mexicana. Tal era el sentir de las autoridades eclesiásticas, quienes tirando de las cuerdas de influencia que ejercían sobre los sectores conservadores del recién inaugurado gobierno de Antonio López de Santa Anna (20 de abril de 1853), lograron que las autoridades federales tomaran en sus propias manos la tarea de moralizar a la nación mexicana. La Secretaría de Estado, del gobierno estatal transmite al jefe político de la Villa de Jiménez un comunicado recibido directamente de la presidencia de la República. El presidente López de Santa Anna manifestaba haberse percatado del olvido en que habían caído las leyes vigentes que prohibían la realización de trabajos en días de festividad religiosa y *"las disipaciones escandalosas a las que se entrega la generalidad*

de la población." También señalaba que tal olvido *"traía consecuencias muy perniciosas en el orden religioso y social que reclaman serias providencias"*. El decreto giraba órdenes al jefe político del cantón Jiménez para que *"cuide y vigile muy escrupulosamente que en el territorio a su mando se observen con toda puntualidad las referidas disposiciones legales, castigando gubernativamente a los que las infringieren[cxliii]"*
El interés del presidente López de Santa Anna por guardar las buenas costumbres del pueblo a quien representaba volvió a hacerse manifiesto 2 meses después, en octubre de 1853. El jefe político del cantón Jiménez, por conducto del gobierno estatal recibía sobre sus hombros la responsabilidad de velar en pro de la virtud, tal como la entendía su alteza serenísima:

> …Persuadido el C. Señor Presidente del deber que todo gobierno tiene de impedir por cuantos medios estén a su alcance lo que ofenda o relaje la moral y las buenas costumbres, así como lo que ridiculice y haga menospreciar a las autoridades, ha tenido a bien disponer que Ud. Prohíba en su departamento bajo penas severas la circulación y exposición al público de estampillas o pinturas inmorales e indecentes, y de las que contengan alusiones ofensivas a la religión y a las mismas autoridades. Con tal fin lo digo a Ud. para su cumplimiento[cxliv].

La disposición que claramente atentaba contra la libertad de expresión pretendía frenar la propagación de panfletos y caricaturas de tinte político-religioso que circulaban en la capital de la República con motivo de la ocupación del poder federal por parte de la derecha conservadora y su caudillo, su Alteza Serenísima, y hacia extensiva la ordenanza a los territorios de los estados. Aquellos que violaran tal disposición en la villa de Jiménez serian multados por una cantidad de 200 pesos o bien, serian encarcelados durante un periodo de dos meses. Doscientos pesos constituían una cantidad exorbitante para el jimenense común: representaban el fruto de cerca de dos años de trabajo; y bien podrían constituirse en la ruina repentina de aquel infractor que viera su patrimonio embargado por el gobierno para satisfacer la multa.

Para 1857 los vientos de inestabilidad política se sentían también en el antiguo presidio, la innovadora legislación conocida como 'de Reforma' había amenazado los intereses de un sector muy poderoso de la sociedad y el pueblo mexicano se encontraba una vez más dividido. La posibilidad de un levantamiento armado rendía intranquilos a los jefes políticos regionales, al punto que la jefatura política del Cantón Allende solicitó a la jefatura política del Cantón Jiménez el préstamo de fusiles para velar por la tranquilidad de la población durante la realización de las ferias de septiembre, conmemorativas del aniversario de independencia. El ayuntamiento de Allende estimó necesario disponer de cincuenta fusiles con bayoneta para guardar el orden dentro de su jurisdicción "siempre que no se perjudique con tal empréstito al cantón Jiménez[cxlv]". El temor no era del todo infundado, las ferias regionales congregaban a multitudes de los alrededores y en ocasiones a personajes provenientes de lugares más lejanos. Con los ánimos inflamados ya fuera por excesos propios del festejo, ya fuera por la inestabilidad política reinante en la época, o por una combinación de ambos; individuos envalentonados por la protección de la turba podían incitar a la ciudadanía a tomar partido ya fuera por los seguidores de una postura política conservadora o por los denominados liberales, provocando enfrentamientos con seguidores de la postura contraria, llegando incluso a retar las autoridades locales.

Las fiestas patrias

Los jimenenses también conmemoraban el aniversario del 'grito de independencia'. Para el mencionado festejo, las siempre exhaustas arcas municipales requerían del auxilio económico de los vecinos de la población, quienes accedían de acuerdo a sus posibilidades con tal de contar con unos momentos de esparcimientos que hicieran mella en la rutina cotidiana del pueblo rural. En 1858 el festejo fue un tanto austero, el erario municipal y los bolsillos particulares de los jimenenses se había volcado en auxilio de las causas políticas en pugna. Los escasos fondos reunidos en la villa se utilizaron para iluminar los edificios públicos y sus similares adyacentes particulares a las once de la noche del día 15 de septiembre; acto seguido el párroco Pedro Gándara "cantó un solemne Te Deum en recuerdo del glorioso grito de Dolores". Al evento asistieron las autoridades locales, los empleados públicos y algunos particulares. Al día siguiente, el 16 de septiembre, "se celebró por el referido párroco una misa solemne de acción de gracias al ser supremo, y en el lugar que se designó por la comisión respectiva se pronunció a las cinco de la tarde la oración cívica que es de costumbre por el orador que para tal fin fue designado[cxlvi]. La descripción anterior expone de manera ilustrativa el papel preponderante que en la vida cotidiana se asignaba a las autoridades religiosas; y la dupla que estas últimas habían conformado con las autoridades políticas, al punto que eran los clérigos quienes se encargaban de proveer de una solemnidad religiosa a actos y festejos conmemorativos de hechos pasados cuya relevancia en la vida de la joven nación era de tinte cívico-político. Los festejos de septiembre también conmemoraban, el día 27, la entrada a la capital de la república del ejercito trigarante. Para que en 1864, tal día fuese "solemnizado con el lustre posible" la jefatura del cantón Jiménez solicitó la cooperación voluntaria de los vecinos de la villa, quienes recabaron 15 pesos[cxlvii]. El cinco de mayo, fecha conmemorativa de la victoria ante el invasor francés en Puebla, también contaba con un lugar dentro de las celebraciones en la Villa de Jiménez; para 1880 el ayuntamiento logró recaudar mediante cooperación de los vecinos de la villa la cantidad de 23 pesos mismos que destinaria a "solemnizar" tal fecha[cxlviii]

Fiestas patronales y otras festividades religiosas

Las fiestas patronales ocurrían el día seis de agosto. Los festejos eran organizados por el párroco local y las celebraciones giraban en torno al Santo Cristo de Burgos. Cabe mencionar que las festividades dictadas de acuerdo al canon del catolicismo romano se realizaban con gran pompa, ante ellas las celebraciones patrias no solo palidecían, sino que parecían insignificantes por comparación. No se trataba de las autoridades municipales echando mano a su escaso presupuesto o exhortando a la voluntad de cooperación de la sociedad civil; sino que se trataba de las autoridades religiosas, quienes aludían al compromiso del mortal con su creador y persuadían a la totalidad de los vecinos (incluso a las autoridades civiles) de la necesidad de participar en todo evento eclesiástico. Mediante la aportación de fondos monetarios, haciendo donativos en especie y realizando labores físicas tanto el poderoso como el de a pie se ponían a disposición de la parroquia. Pueblos, haciendas y rancherías contribuían para la realización de las fiestas patronales.

Para mayor ilustración de lo relatado en el párrafo anterior veamos como festejaron los jimenenses las fiestas patronales del 6 de agosto en 1862. El párroco Pedro Gándara acudió a las autoridades municipales solicitando una lista que incluyera los habitantes de la villa de Jiménez, a quienes habría de solicitar su cooperación para la organización digna de las fiestas correspondientes al Santo Cristo de Burgos. Cabe mencionar que las aportaciones distaban de ser voluntarias y las cifras ofrecidas por los ciudadanos se tornaban en obligaciones de carácter legal para con la iglesia –deudas- quien no dudaba en acudir a las autoridades en busca de asistencia que permitiera verificar su cobro, llegando al embargo de tierras y bienes en caso de que el deudor careciera de liquidez que garantizara su satisfacción. Los vecinos del antiguo presidio aportaron poco mas de 135 pesos; de manera paralela el Señor Gándara había organizado comisiones de señoras tanto en la villa de Jiménez como en las haciendas y rancherías circunvecinas cuyas contribuciones sumaron más de 63 pesos. A esto se añaden las recaudaciones hechas a la puerta de la iglesia y el producto de la venta de las contribuciones en especie (trigo, principalmente). En total, la cantidad reunida para la celebración de las fiestas patronales ascendía a trescientos dos pesos con nueve centavos. Tal cantidad resulta extraordinaria si consideramos que en unos cuantos días habría de consumirse una cifra cercana al 60% del presupuesto anual destinado al sostenimiento de las 2 instituciones educativas existentes en la villa en ese entonces (ver capítulo de educación). En 1862 la función tuvo un costo de doscientos noventa y siete pesos con doce centavos, y estos se destinaron a la compra de velas, la elaboración de candiles, la contratación de músicos, la compra de cohetes y el sueldo de un cohetero y su ayudante, un estipendio para el coro, el papel y la impresión de 'decimas' así como los gastos correspondientes a la celebración de una misa solemne, que se realizaría en la madrugada del día seis y requería a tres músicos extra[cxlix].

Festividades y tiempo libre | *207*

Antesala del siglo XX

El gobierno federal se encontraba debilitado por los constantes enfrentamientos en pos de la silla presidencial siendo incapaz de ejercer un control efectivo sobre los estados periféricos de la república. Lo anterior permitió que elites regionales se fortalecieran de tal modo que tanto poder político y económico, como grandes extensiones de tierra se concentraban bajo pocos nombres, encabezados por caciques/caudillos regionales (como Pesqueira en Sonora, Terrazas en Chihuahua o Treviño en Nuevo León) renuentes a someterse totalmente a la autoridad de un gobierno centralizado (Mora-Torres; 2001). Porfirio Díaz consiguió pacificar la vapuleada República y comprometer a los caudillos locales a colaborar con el gobierno federal encarnado en su persona. La apertura a inversiones extranjeras trajo consigo modos de producción no acostumbrados por el mexicano. William E. French (1996) describe como los trabajadores del distrito minero de Parral lentamente fueron abandonado sus viejas prácticas de abandonar el trabajo una vez que sus necesidades inmediatas habían sido satisfechas o cuando sus parcelas familiares necesitaran atención a favor de una ética laboral capitalista, que ultimadamente; a través de medios forzados o de incentivos económicos (a manera de zanahoria atada a un palo), habría de inculcar la noción de dependencia hacia un medio de subsistencia basado en un salario periódico (en oposición al trabajo agrícola cíclico que variaba de acuerdo a épocas de siembra y cosechas).

Desarrollo porfiriano

Las décadas venideras se caracterizaron por una sensación de orden y estabilidad que abrió las puertas al siglo XX y trajo consigo la modernidad de la época. Los jimenenses experimentaron los beneficios de la "pax porfiriana" y en las calles de la villa se respiraron aires de progreso. El jefe político municipal contaba con una línea telegráfica que comunicaba la villa con Chihuahua capital, y una línea del Ferrocarril Central Mexicano unía la villa de Jiménez con la capital del estado, al norte, y con Villa Lerdo, Durango, al sur. El Mapa 4 ilustra como las líneas telegráfica y ferroviaria surcaban el territorio chihuahuense y comunicaban a los jimenenses tanto con la capital del estado como con la de la república.

La recién construida estación de tren, situada en las afueras del asentamiento, fue comunicada con el centro del poblado mediante un camino construido ex profeso. El trayecto, bordeado por nogales, sería utilizado por generaciones de jimenenses como recorrido casi obligado durante sus paseos y con el paso del tiempo se tornó en punto de encuentro, esparcimiento y socialización, especialmente los fines de semana. Esta vía, conocida entre los jimenenses afectuosamente como 'la calzada' posteriormente recibió el nombre de "Avenida Juárez", en honor de aquel paladín oriundo del estado de Oaxaca, mismo que conserva hasta el día de hoy tanto en mapas como en señalamientos.

El ferrocarril impulsó el desarrollo comercial en la región. En 1892, en un informe rendido a las autoridades estatales, el ayuntamiento de la villa de Jiménez reportó ganado vacuno, porcino, semillas de anís, azafrán, cacao, trigo, frijol, maíz, harina, cera blanca, chicle, ixtle, madera corriente, tabaco, azúcar, piloncillo y café; bajo el rubro de productos de exportación, es decir para ser vendidos fuera del estado de Chihuahua[cl].

Mapa 4: Mapa de la red telegráfica y de los itinerarios generales de la República Mexicana.

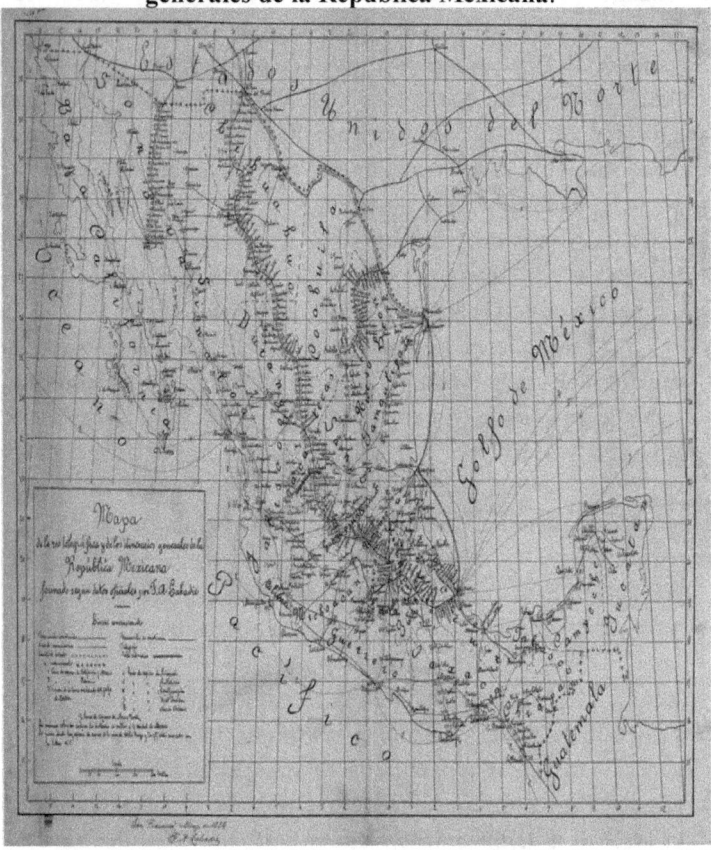

F.A. Labadie; San Francisco, 1884. Biblioteca del Congreso de los Estados Unidos. *G4411 .P92 1884 .L Vault*

Los viajes en diligencias y carretas poco a poco se fueron reduciendo a recorridos relativamente cortos y dentro de un área regional; el caballo de acero descendía hasta la capital de la República y por motivos evidentes se constituyó como el medio de transporte más rápido y eficiente; al punto de agilizar la comunicación y la difusión de avances científicos y tecnológicos. En armonía con lo anterior, el médico Felipe Ronquillo pudo honrar la invitación para acudir a la Ciudad de México a la recepción de la Asociación Americana de Salubridad Pública[cli]. Las vías de comunicación no se limitaron a señalar sus índices hacia el sur: los jimenenses también pudieron conformar una delegación que representara a la región y difundiera y promoviera los bienes tanto agrícolas como industriales que se producían en ella; en la exposición internacional que se realizó en la ciudad de Chicago, Estados Unidos de América, por motivo del cuarto centenario del descubrimiento de América[clii].

El 19 de octubre de 1892, el Gobernador del Estado don Miguel Ahumada manda que se imprima, publique, circule y se le dé cumplimiento al decreto que lo autoriza a contratar con el C. Salvador L. Mallen para la construcción de un ferrocarril urbano en a Villa de Jiménez, Cabecera del Distrito del mismo nombre.

El lunes 21 de agosto de 1893, en sesión del ayuntamiento, el presidente municipal de la villa de Jiménez, Salvador L. Mallen, solicitó el permiso de pase sin retribución alguna, de los tranvías que, con la correspondiente concesión de la legislatura del Estado, iba a establecer en esta localidad[cliii], El recorrido comenzaba en la Estación del Ferrocarril Central Mexicano, surcaba la 'calzada' y concluía en la plaza principal de la villa. El sindico Pedro Bárcenas, que presidia la sesión manifestó que a su juicio era asunto de fácil solución pues se refería al permiso de tránsito de una vía férrea, "motor de sangre", por determinadas calles publicas que pertenecen al municipio. Se dictaminó a favor de lo solicitado por el C. Salvador L. Mallen. El servicio de tranvías del Ferrocarril Urbano de Jiménez fue inaugurado por el concesionario D. Shaw y el jefe político municipal, Salvador L. Mallen, el día 5 de noviembre de 1893.

Ciudad Jiménez

El 4 de julio de 1898, el presidente municipal de la Villa de Jiménez presentó el siguiente comunicado en sesión de cabildo:

...C.C. Munícipes:
Las pequeñas mejoras materiales que durante el periodo de mi administración no he podido llevar a efecto, de acuerdo con nuestra honorabilidad y aprobación del Supmo. Gobierno del Estado, si no han colocado a esta villa a la altura que hoy se encuentra, han contribuido cuando menos con su insignificancia a ayudarla en esa evolución de adelanto que desde tiempo inmemorial viene haciendo por si sola para ocupar el lugar que merecen los pueblos civilizados.

Ha podido alcanzar por la riqueza de su comercio, que se le considere en el Estado como uno de los principales centros de transacciones mercantiles, cuyas operaciones día por día se multiplican, haciendo por lo tanto, que el comercio y a agricultura constituyan sus principales elementos de vida, y le aseguren en el presente la situación que disfruta, augurándole para el futuro verdadera prosperidad permanente e imperecedera.

Para sostener esa situación, cuenta con el considerable número de 7,000 habitantes más o menos, cuyo número, lejos de disminuir, sigue una marcha veloz y progresiva, siendo así evidente, que dedicados como están, unos al comercio y la agricultura, así como otros a la industria y demás ramos, todas esas fuentes de porvenir se desarrollan, viniendo como es natural a mejorar con sus productos las condiciones pecuniarias del Erario, tanto municipal como del Estado.

Estas razones incontrovertibles, constan a la corporación a quien tengo el honor de dirigirme, y por lo mismo, someto a vuestro ilustrado juicio los puntos siguientes.

1. Que es indiscutible por que la practica nos lo ha demostrado, que esta población tiene vida propia, toda vez que en ella se explotan con éxito favorable varias industrias.

2. Que su población aumenta continuamente.

3. Que el tesoro municipal cubre las exigencias que en su administración demanda esta villa como Cabecera de Distrito, con cuya categoría figura en la Estadística del País.

4. Que es acreedora a que se le erija en Ciudad, puesto que cuenta con todos los elementos necesarios para merecer ese nombre, según lo dejo expuesto.

5. Que se eleve esta iniciativa si es de vuestra opinión, al Supremo Gobierno, para que si esa Superioridad lo estima conveniente, se sirva elevarlo igualmente al Honorable Congreso del Estado para sus efectos[cliv]…

Miguel Ahumada, en ese entonces gobernador constitucional del Estado de Chihuahua, accedió a los deseos del pueblo jimenense, y apegándose a la voluntad popular elevó a la categoría de ciudad a la hasta entonces villa, el cinco de agosto de 1898 (ver imagen 1), apenas un día antes de que iniciaran los festejos patronales, por lo que los jimenenses festejaron por partida doble.

Ni tardos ni perezosos, los integrantes del ayuntamiento elaboraron un programa que solemnizaba el decreto que permitió al antiguo presidio encarar el nuevo siglo como ciudad. El programa incluía vestir a todos los edificios públicos con el pabellón nacional, y saludarlos con salvas y repiques, a las cinco de la mañana. A las nueve, se reunieron empleados públicos y particulares en las afueras de la presidencia municipal, para a las diez iniciar un recorrido, acompañados por la banda del 15vo batallón de infantería, por las calles cercanas a la plaza principal; dando lectura al decreto enviado por el gobernador del Estado y pegando un ejemplar en cada esquina; acto seguido, los músicos se instalaron sobre el kiosco y continuaron tocando hasta las 12, para regocijo de los vecinos. De cinco a siete de la tarde, el jefe político y los músicos realizaron un paseo en las inmediaciones de la estación. De ocho y media a once de la noche, la plaza principal fue testigo de una serenata durante la cual la banda militar ejecuto lo mejor de su repertorio[clv].

Imagen 1: Decreto que otorga la categoría de ciudad a la Villa de Jiménez.

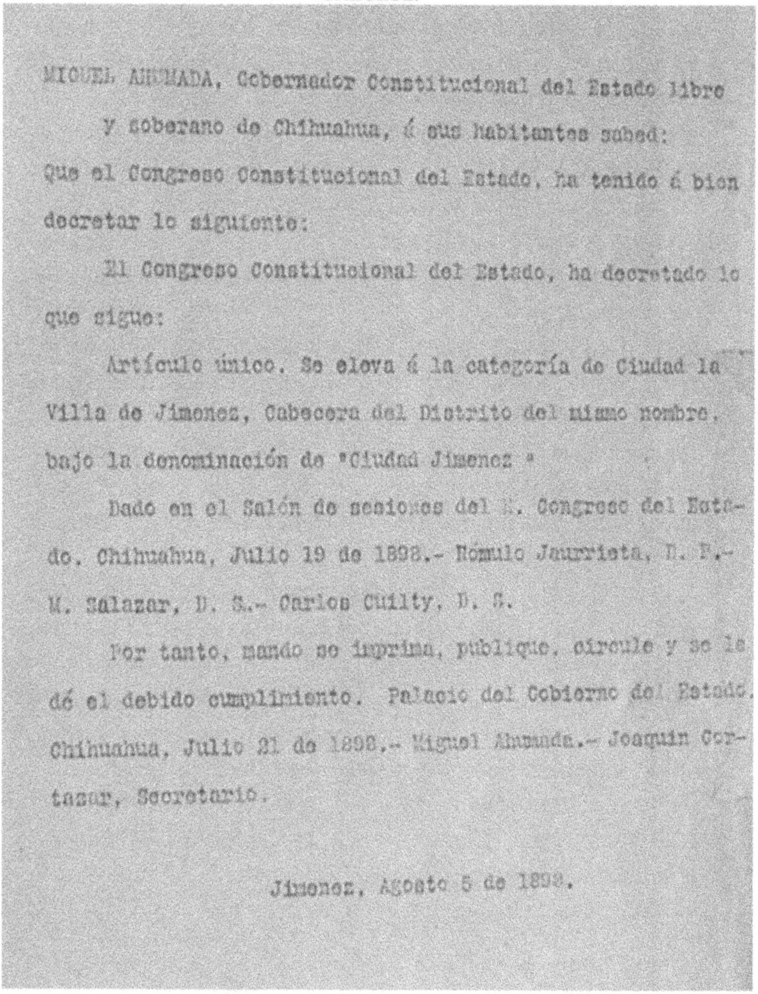

MIGUEL AHUMADA, Gobernador Constitucional del Estado libre y soberano de Chihuahua, á sus habitantes sabed:

Que el Congreso Constitucional del Estado, ha tenido á bien decretar lo siguiente:

El Congreso Constitucional del Estado, ha decretado lo que sigue:

Artículo único. Se eleva á la categoría de Ciudad la Villa de Jiménez, Cabecera del Distrito del mismo nombre, bajo la denominación de "Ciudad Jiménez."

Dado en el Salón de sesiones del H. Congreso del Estado, Chihuahua, Julio 19 de 1898.- Rómulo Jaurrieta, D. P.- M. Salazar, D. S.- Carlos Cuilty, D. S.

Por tanto, mando se imprima, publique, circule y se le dé el debido cumplimiento. Palacio del Gobierno del Estado, Chihuahua, Julio 21 de 1898.- Miguel Ahumada.- Joaquín Cortazar, Secretario.

Jiménez, Agosto 5 de 1898.

Fuente: AHMJ, 1898. Expediente: "Decreto de Villa a Ciudad, Jiménez"

El distrito de Jiménez comprendía cuatro municipalidades: Jiménez (cabecera del mismo distrito), Allende, Coronado y Villa López. En reporte entregado a las autoridades estatales en 1899, se registraron industrias textiles y de molinos de trigo. La fábrica textil de mayor importancia se situaba en la Hacienda de Dolores, y su suministro de energía era hidráulico. Como edificios importantes, los jimenenses señalaron la jefatura política, frente a la plaza principal, los juzgados de letras, menor y del registro civil, además de la tesorería municipal; las dos escuelas oficiales, la cárcel pública, el nuevo panteón, el rastro y la iglesia parroquial. Había dos plazas, la principal y una llamada "Carlos Pacheco". La línea telegráfica, propiedad de la compañía ferroviaria, que unía a la ciudad de Chihuahua capital con la Ciudad de México pasaba a través de Jiménez, sus habitantes tenían acceso a esta; además de contar con otra línea, propiedad federal, que los comunicaba con el Valle de Allende[clvi].

El otrora Real Presidio de Santa María de las Caldas se había transformado durante el curso del siglo XIX en una dinámica ciudad, cabecera de distrito, y cruce de caminos obligado para los viajeros que se adentraban hacia el estado de chihuahua, o bien quienes de este se despedían. Por su ubicación privilegiada, y gracias a su estación de ferrocarril, la flamante ciudad se convirtió en un punto comercial importante. Los vecinos de Ciudad Jiménez, Chihuahua, con miras optimistas, fijaron sus ojos en el horizonte de un nuevo siglo, ya a la vuelta de la esquina: el prometedor siglo XX.

Consideraciones finales

Nunca fue objetivo de este proyecto presentar a la villa de Jiménez como un caso único y extraordinario. Por el contrario, mi intención fue la de ilustrar, a través de los jimenenses, la vida en un pueblo chihuahuense mostrando realidades propias de la vida en este estado durante el periodo en cuestión.

Como Jiménez, centenares (tal vez millares) de pueblos son incapaces de presumir de un pasado precolombino, nunca experimentaron épocas de gran bonanza económica ni formaron parte de centros de hegemonía política; en fin, nada rimbombante de que hacer alarde. Pueblos que forman parte del elenco olvidado, invisible, que lucha día a día por el sustento cotidiano, más preocupados por cuestiones domésticas que, lejos de ser protagonista en la amplia historia nacional, se limitan a adecuarse a los tiempos del modo que encuentran más conveniente.

La villa de Jiménez, pueblo chihuahuense, pueblo mexicano

Al comenzar el siglo XIX, las familias que habitaban el valle de Huejuquilla poco imaginaron la serie de transformaciones que se avecinaban. La vida colonial transcurría lentamente, los asentamientos españoles localizados en el norte del virreinato de la Nueva España no experimentaban mayores cambios que épocas de bonanza económica con crecimiento demográfico acelerado; épocas de carencia que podían terminar con la existencia del asentamiento o interacción violenta con los nativos del lugar, con el mismo resultado; o bien se mantenían relativamente estáticos en cuanto a crecimiento.

La ubicación geográfica de Huejuquilla ofrecía un panorama alentador a sus habitantes. Por un lado, el fértil valle, al margen del río Florido, contaba con la protección permanente de la compañía volante, al albergar el cuartel general de esta. Por otro lado, al servir como nodo entre los importantes y ricos centros mineros de San José del Parral y San Felipe se aseguraba una posición privilegiada en el flujo de las mercancías a través que bajaban y subían a lo largo del Camino Real de Tierra Adentro, gozando de un acceso a las vías de comunicación del que pocos asentamientos de la época podían hacer alarde. El panorama en la Nueva Vizcaya era más que prometedor; el gobierno colonial, ya de grado, ya por fuerza, había logrado convivir pacíficamente con los indígenas nómadas; mientras que los yacimientos minerales de esta provincia, con menores o mayores altibajos, la habían transformado en una de las más prosperas y pujantes. Dentro de estas circunstancias los vecinos de Huejuquilla recibieron al siglo XIX. Poco imaginaban que durante este siglo la Ilustración debilitaría, hasta penetrar, el cristal que contenía las arenas del tiempo y arrastraría la villa hacia la modernidad.

La llamada a luchar por la independencia no hizo eco contra los muros de paz y estabilidad que bordeaban los cabildos de la Nueva Vizcaya y mantenían los lazos de lealtad a la corona. Los sediciosos eran tenidos como simples revoltosos que tarde o temprano fracasarían y pagarían caro su osadía; la ejecución de Miguel Hidalgo y sus secuaces en Chihuahua parecía confirmar lo anterior. Sin embargo, aproximadamente una década después el vínculo político con España se encontraba roto y los mexicanos tenían en sus manos el poder de decidir acerca de su destino, como nación.

De las antiguas provincias surgieron los nuevos estados, con sus propios cuerpos ejecutivos y legislativos y con representación ante un congreso nacional. Los dirigentes de la nación aun no terminaban de ponerse de acuerdo en el derrotero a seguir, sin embargo una cosa si era cierta: la semilla republicana había sido sembrada y terminaría por florecer, a pesar de los intentos por volver a regímenes monárquicos.

En el nuevo congreso la consigna era romper con el pasado; corregir los errores e injusticias del régimen colonial, emular los logros de las repúblicas francesa y estadounidense. El cómo era aun una cuestión a debatir y costaría vidas mexicanas a lo largo del siglo. El nuevo orden político otorgó a los estados una capacidad de autodeterminación que si bien era limitada también era por ellos desconocida. El nuevo estado de Chihuahua encaró el futuro con optimismo, sin embargo tuvo que enfrentar dificultades olvidadas por esta generación de chihuahuenses. Por un lado, el gobierno estatal debía satisfacer las responsabilidades que se tenían ante la federación y por otro había que cumplir con la obligación de garantizar la seguridad de sus habitantes, ya que con la proclamación de independencia los indómitos nómadas desconocieron los pactos de paz contraídos con las autoridades virreinales y al encontrarse el ejército colonial alejado no hubo nada que disuadiera a los indígenas de tomar una actitud hostil.

Con el establecimiento del congreso estatal en Chihuahua, los habitantes del nuevo estado tuvieron en sus manos la capacidad de tomar sus propias decisiones. Acostumbrados a que sus vidas se decidieran por personas extrañas en ciudades distantes, de repente sentían sobre sus hombros el peso de hacer frente a muchas de sus necesidades, incluso si esto implicaba probar y errar, ya que la federación no solo tenía problemas propios que atender sino que además carecía de los medios y la estructura para socorrer estados y territorios. Lo que faltaba en experiencia sobraba en voluntad, a pesar de no poder contar más que con el apoyo moral por parte del gobierno federal los legisladores chihuahuenses pronto aprendieron a balancear el magro presupuesto entre la lucha contra los nómadas y 'lo demás'.

Los habitantes del valle de Huejuquilla también se vieron envueltos en este proceso de toma de decisiones. No únicamente tenían acceso a diputados en el congreso estatal, sino que contaban con un ayuntamiento que les otorgaba una relativa independencia y sus dirigentes locales eran electos de entre los vecinos de la villa. Cierto es que el ayuntamiento, como figura política, no fue introducido una vez alcanzada la independencia, sino que se institucionalizó desde tiempos coloniales. La novedad consistía en la posibilidad de los vecinos de la villa para elegir y ser electos para ocupar cargos políticos (siempre y cuando se reunieran ciertos requisitos); a diferencia de lo practicado durante los siglos anteriores, en que los regidores eran señalados por las autoridades virreinales, o bien las plazas en el ayuntamiento eran adquiridas mediante un pago, siempre y cuando el candidato cumpliese con el requisito tácito de ser español peninsular.

El sistema electoral no se encontraba exento de vicios, y aun cuando ahora los vecinos de la villa de Jiménez escogían entre sí a sus autoridades locales no todos los habitantes satisfacían los requisitos de ser propietarios de tierras y poder leer y escribir. Durante las primeras décadas de vida independiente solo un puñado de jimenenses ocuparon los cargos de elección popular, rotando el puesto asignado cada vez que cambiaba la configuración administrativa al concluir el periodo estipulado. Al recorrer los documentos históricos en el archivo municipal, nos damos cuenta que las prolijas e impecables caligrafías coloniales fueron reemplazadas por forzadas prosas, garrapateadas con manos torpes poco diestras en el empleo del alfabeto. Solo unas cuantas personas podían leer y escribir, y las veces este era un calificativo suficiente para poder ocupar un puesto en el ayuntamiento. No era extraño encontrar que la rúbrica de un ciudadano en particular apareciese sobre algún documento seguida del calificativo de 'jefe político' y años más tarde apareciese sobre otro manuscrito con algún adjetivo diferente, como podría ser 'secretario del ayuntamiento', 'juez de paz', etc. Sin embargo, una de las promesas había sido cumplida. La institución más básica de organización política dentro de la joven república ahora descansaba sobre bases más democráticas. El fortalecimiento de la figura del ayuntamiento (y municipio) no únicamente beneficiaba a los vecinos de tal o cual villa, sino que permeaba hasta los congresos estatales. Si bien empobrecido económicamente, el gobierno del estado de Chihuahua era políticamente fuerte y gozaba de autonomía en cuanto a su organización interna. Los demás estados no eran la excepción, y la capacidad de decidir de sus congresos locales quedó manifiesta cuando algunos de ellos optaron por vías hoy impensables tales como separarse de la República Mexicana, mismo si después volvieron a integrarse, de igual modo mediante previa deliberación de sus respectivos congresos, como fue el caso de Nuevo León y Yucatán.

La ruptura con el pasado no se limitaba únicamente a cuestiones políticas. Los habitantes del México independiente habían heredado de la colonia un sentimiento de identidad más relacionado con factores regionales y difícilmente veían como cuestión de su incumbencia lo que acontecía en provincias alejadas, aun cuando ahora formaran parte del mismo país. Ahora que la lealtad a un mismo soberano quedaba descartada como vínculo era necesario crear un nuevo sentimiento de identidad que alcanzara a estrechar distancias entre todos los ahora mexicanos. En materia religiosa la Virgen de Guadalupe sustituye Santiago Apóstol desviando al catolicismo mexicano de Europa hacia el Tepeyac, centrándolo de este modo en un ícono oriundo y propio de la tierra que habían reclamado para sí. En materia política resultaba impensable continuar con la figura del rey como factor de identidad, una nueva nación necesita nuevos héroes a quien conmemorar. El nuevo panteón nacional comenzó a verse surcado con los nombres de aquellos que habían sobresalido en la lucha por conquistar la independencia, especialmente en aquellos cuyos portadores habían perdido la vida. A diestra y siniestra ayuntamientos cambiaron los nombres oficiales de sus respectivos asentamientos para adoptar los propios de los héroes de independencia. El calendario festivo también vio alteradas sus fechas celebres guardando un lugar primordial en Septiembre, mes en medio del cual se conmemora el Grito de Dolores, como fecha de identidad cívico patriótica; y otro en Diciembre 12, fecha que recordaba la aparición de la virgen morena, como ícono de identidad religiosa. Los jimenenses no mostraron dificultades en adoptar y conmemorar las nuevas fiestas patrias a medida que estas iban engrosando el calendario festivo, mientras que conservaron intactas las fiestas que cobraban tanto el mayor grado y cuidado en su organización como la mayor cantidad de recursos humanos y económicos: las fiestas patronales del 6 de agosto, con un poder de convocatoria tal que durante días atraía tanto a jimenenses como vecinos de rancherías y pueblos cercanos. El amor a la región continuaba siendo más fuerte que el amor a la patria. Conforme avanzaba el siglo XIX una serie de acontecimientos ayudaría a fortalecer el sentimiento de pertenencia patrio, dentro de los que destacan las guerras con otras naciones. Los conflictos bélicos con otras naciones momentáneamente alejaban la mirada de las pugnas crónicas entre liberales y conservadores y se enfocaban en el enemigo común, invasor que amenazaba el suelo mexicano y al mismo tiempo proporcionaba nuevos héroes a la nación.

Romper con el pasado no sería posible si en cuestión educativa se formaba a la niñez mexicana del modo en que se había hecho durante la colonia. Era necesario un nuevo sistema educativo que desplazara lo sobrenatural para favorecer la razón, además era preciso llevar la educación a todos los rincones de la nación ya que una nación ilustrada fácilmente podría alcanzar los niveles de progreso demostrados por la Francia republicana y los Estados Unidos. El reto era grande, por un lado no había un número de preceptores suficiente para poder cubrir los alcances deseados, por otra parte las arcas menguadas difícilmente bastarían para satisfacer las necesidades de los ya existentes. El método de Lancaster parecía ser la alternativa adecuada para aliviar la situación ya que permitía formar profesores en poco tiempo, y a la vez permitía que un solo profesor pudiese atender a un número mayor de pupilos. Chihuahua no fue una excepción, el congreso estatal se preocupó tanto por formar hombres doctos en el extranjero como en establecer escuelas de primeras letras dentro de su territorio. El erario estatal era insuficiente para costear el sostén de los establecimientos educativos chihuahuenses y la responsabilidad era delegada a los diferentes ayuntamientos. El ayuntamiento de la villa de Jiménez encaraba la misma dificultad, las empobrecidas arcas no podían garantizar la manutención de los empobrecidos preceptores y solicitaban una cuota per cápita a los padres de familia que tuvieran la posibilidad de satisfacerla; cabe mencionar que no todos los progenitores contaban con tal posibilidad y a veces se encontraban con la necesidad de sustraer a los pupilos de las aulas especialmente en épocas de siembra y cosecha durante las cuales sus menudos brazos contribuían a la economía familiar auxiliando en labores productivas. La escuela de primeras letras abría y cerraba sus puertas intermitentemente, en perjuicio de la niñez jimenense. Improvisados profesores dejaban sus oficios primarios para dedicarse a la docencia, atraídos por convocatorias que ofrecían un ingreso estable y constante a quienes se dedicaran a formar a la juventud. En la práctica, desilusionados, renunciaban a sus cargos de preceptores al ver que las percepciones monetarias estaban muy por debajo de lo esperado. El curso del siglo lentamente cambiaría la situación, los docentes contarían con un nivel de preparación cada vez más elevado, y con el porfiriato las instituciones educativas gozarían de un presupuesto más generoso además de ofrecer una currícula más completa y acorde a la modernidad de la época.

La lejanía de la capital dificultaba la participación de los chihuahuenses en la vida política nacional. Las pugnas intestinas que tenían lugar en el centro impedían al gobierno federal prestar toda la atención solicitada por el estado de Chihuahua y demás estados norteños, que agobiado por los embates nómadas agotaban su voluntad y una gran proporción de sus escasos recursos en procurar la supervivencia de sus habitantes antes que participar en reyertas que a su juicio podían resolverse sobre una mesa de negociación. No era inusual que aflorase un sentimiento de abandono y que los habitantes de los estados septentrionales coquetearan con la idea de erigirse en repúblicas independientes. De esta modo, los jimenenses centraban sus esfuerzos en atender emergencias de carácter regional, tales como la guerra con los indios o el azote de epidemias; limitando su participación en cuestiones de índole nacional a las ocasiones en que estas llegaban hasta ellos, como sucedió con la guerra contra los texanos, ya que estos amenazaban de manera directa las fronteras chihuahuenses; la invasión norteamericana, que llevó al ejército estadounidense hasta suelo jimenense; la guerra de Reforma que fraccionó las posturas de los vecinos situándolos en posiciones antagónicas; la invasión francesa que en su travesía hacia Chihuahua capital plagó el sur del estado con efectivos de las tropas napoleónicas; por citar algunos ejemplos.

No está de más agregar, que estas participaciones, aun cuando modestas, cumplieron con la finalidad de fomentar en los jimenenses un sentido de identidad tanto regional como nacional. La amenaza de un 'extraño enemigo[22]' acercaba de manera particular a los jimenenses y al resto de los habitantes del estado de Chihuahua proporcionando un claro sentido del 'nosotros' ante 'los otros'. Como chihuahuenses los habitantes de la villa Jiménez acudían cuando eran llamados a hacer frente al apache. Su compromiso con su estado y con la nación también se manifestó cuando mandaron un contingente, formado por voluntarios civiles, a socorrer la capital del estado al ser ésta amenazada por militares estadounidenses. La pobreza del poblado se reflejaba al observar las deficiencias de las improvisadas tropas, como del mismo modo se reflejaba el compromiso con su suelo al acudir a hacer frente a un enemigo superior. La derrota en la batalla de Sacramento causó una gran mella en el ánimo en el jimenense en cuanto a chihuahuense, la toma de la Ciudad de México desmoralizó al jimenense como mexicano. Con la moral por los suelos y la mirada hacia abajo los jimenenses no pudieron más que permitir el paso de estos por sus tierras. ¿Cómo podrían las fuerzas descritas en la pagina 170 hacer frente al ejercito que fácilmente había

---

[22] Atinada frase de Francisco González Bocanegra que a mediados del siglo XIX fue aderezada con las notas armoniosas de Jaime Nunó para pasar a la posteridad, inmortalizada al ser entonada por millones de mexicanos.

humillado a su patria? Una confrontación directa significaba suicidio; aun así algunos hombres resueltos de la villa se ofrecieron para enfrentarles o bien para robarles las cabalgaduras, acciones que nunca se concretaron y únicamente sirvieron para ilustrar el grado de inflamación en que se encontraban los ánimos. No obstante se presentó resistencia, aunque de manera pasiva, cuando los jimenenses se mostraban tardos y perezosos en satisfacer las peticiones de las tropas extranjeras en cuanto a alimentos, forrajes y leña. La invasión francesa mostró otra faceta de la identidad del jimenense, una identidad tanto política como nacional. El pueblo reflejaba la situación del país: división. Mientras que los liberales jimenenses no cesaban de manifestar su adhesión a los principios republicanos y juraban defender con su vida todo lo que la figura de Benito Pablo Juárez García representaba; los jimenenses conservadores hacían lo propio para allanar el camino hacia una monarquía. El ejército francés, odioso en su calidad de extranjero, era enemigo de unos y aliado de otros. Vecinos comprometidos con ambas facciones, de manera alternada, estuvieron a cargo de la dirección política y administrativa de la villa y en ambos casos se respiraba descontento político. Sin embargo se trataba de personas que habían nacido y crecido juntas, conocidos que habían convivido durante toda una vida, algunos de ellos unidos por amistad o parentesco. No pasó mucho tiempo después de finalizar el conflicto y retornar a la república para que los jimenense olvidaran las diferencias que les habían enfrentado y el curso cotidiano volviera a la normalidad.

    La impartición de justicia se realizaba primordialmente dentro de los límites municipales; sin embargo los casos en que los litigios trascendían la jurisdicción municipal no fueron escasos. El sistema para acceder a los juzgados era a través de escritos que describían el evento y eran presentados al personal de la institución; circunstancia que situaba en una posición desventajosa a los habitantes menos favorecidos, ya que estos padecían dificultades para expresarse de manera manuscrita, mientras que las clases más adineradas hacían gala de una prosa más pulida. La cuestión del alfabeto jugó un papel importante; las posiciones públicas se disputaban por, y entre, personas que podían leer y escribir.

Entre la capital de la república y la jefatura política jimenense la comunicación era prácticamente nula. Las disposiciones federales eran transmitidas al gobierno estatal, este las enviaba a la prefectura de Hidalgo (Parral), quien a su vez las hacía llegar al ayuntamiento de Jiménez a manera de circulares. Salvo en cuestiones fiscales la villa gozaba de una relativa autonomía administrativa. La iglesia católica bastaba como autoridad moral al momento de decidir derroteros. Sin embargo se distaba mucho de contar con una autosuficiencia: los habitantes de la villa difícilmente podían hacer frente a emergencias en cuestiones de salud y se mantenían a la expectativa del auxilio que pudiese venir de sus superiores políticos inmediatos. En materia educativa la escuela de primeras letras abría y cerraba sus puertas intermitentemente debido al escaso presupuesto. Cuando el gobierno estatal solicitaba prestamos forzosos para hacer frente a sus propias necesidades, los jimenenses no podían cumplir con su parte de manera cabal; igual sucedía cuando se le solicitaban armas, hombres o cabalgaduras. La pobreza fue un factor crónico durante el siglo XIX.

La pacificación del país por Porfirio Díaz y el fin de la amenaza nómada despejaron de nubes el cielo de Jiménez. La modernidad no soslayó la agraciada ubicación geográfica del asentamiento y reconoció la posición como ideal para ocupar una posición de eslabón dentro de la línea ferroviaria que unía a Ciudad Jiménez con la capital de la nación. El Porfiriato y su estabilidad política también dotaron a la villa de un tranvía, un telégrafo, línea telefónica y, a manera de corolario, le otorgaron la categoría de ciudad.

Referencias:

Aguirre Rojas, Carlos. 2001. "Carlos Martínez Assad, *Los sentimientos de la región: del viejo centralismo a la nueva pluralidad*. México, Océano de México.2001" *Revista Mexicana de Sociología,* Universidad Nacional Autónoma de México, Instituto de Investigaciones Sociales. v. 65 n. 2. Abril-junio p. 467-471.

Almada, Francisco R. Sin fecha. Resumen historico del municipio de Jimenez. Ciudad Juarez: El Labrador.

Arredondo López, María Adelina. 1998. La educación en Chihuahua 1767 – 1867. Tesis doctoral, El Colegio de Michoacán.

Beezley, William H; Martin, Cheryl E; French, William E. 1994. Rituals of Rule, Rituals of Resistance: Public Celebrations and Popular Culture in Mexico. Delaware: SR Books.

Beezley, William H; Ewell, Judith. 1997. The Human Tradition in Modern Latin America. Delaware: SR Books.

Carrejo, Alejandro. 2003 Cronologia de una fundacion. Ciudad Jimenez, Chihuahua: Presidencia Municipal de Ciudad Jimenez, Chihuahua.

Cramaussel, Chantal. 1990. La provincia de Santa Barbara en la Nueva Vizcaya, 1563-1631. Ciudad Juarez: Universidad Autonoma de Ciudad Juarez.

French, William E. 1996. A Working and Peaceful People.

Manners, Morals, and Class Formation in Northern Mexico. University of New Mexico Press.

González Herrera, Carlos; León, Ricardo. 2000. Civilizar o exterminar. Tarahumaras y apaches en Chihuahua, siglo XIX. México Distrito Federal. Instituto Nacional Indigenista.

Hackett, Charles W. 1923-37.Historical Documents Relating to New Mexico, Nueva Vizcaya and Approaches Thereto, to 1773. Edited by Charles W. Hackett. 3 vols. Washington, DC: Carnegie Institution.

Jones, Oakah. 1988.Nueva Vizcaya: Heartland of the Spanish Frontier. Albuquerque: University of New Mexico Press.

Lopez Cantos, Angel. 1992. Juegos, fiestas y diversiones en la América española. Madrid: Mapfre.

Martin, Cheryl English. 1996. Governance and Society in Colonial Mexico, Chihuahua in the Eighteenth Century. Stanford, California: Stanford University Press.

Martínez Assad, Carlos. 2001. Los sentimientos de la región: del viejo centralismo a la nueva pluralidad. México: Océano de México.

Marwick, Arthur. 1998. A Feitishism of Documents? The Salience of Source-Based History. Developments in Modern Historiography. Henry Kozicki. Houndmills, Basingstoke: Macmillan.

Marx, Karl. 1968. El 18 brumario de Luis Bonaparte. 11. Barcelona: Ariel.

Miño Grijalva, Manuel. 2002. *¿Existe la historia regional? Historia Mexicana.* Mexico: El Colegio de Mexico, LI:4, p. 867-897.

Moorhead, Max Leon. 2004. *El Presidio.* Chihuahua: Gobierno del Estado de Chihuahua.

Mora-Torres, Juan. 2001. The Making of the Mexican Border. Austin: University of Texas Press.

Orozco, Victor Orozco. 2007. *El estado de Chihuahua en el parto de la nacion 1810-1831. Mexico Plaza y Valdes.*

------------. *1992.Las guerras indias en la Historia de Chihuahua, Primeras fases.* Mexico: Consejo Nacional para la Cultura y las Artes.

Porras Muñoz, Guillermo. 1980.La frontera con los indios de la Nueva Vizcaya en el siglo XVII. Ciudad de Mexico: Fomento Cultural Banamex.

Powell, Philip W. 1952. Soldiers, Indians & Silver: The Northward Advance of New Spain, 1550-1600. Berkeley, California.

Serrano Álvarez, Pablo. 2001. Interpretaciones de la historiografía local y regional mexicanas, 1968-1999. Los retos teóricos, metodológicos y líneas de investigación. *Revista de Historia Regional.* Ponta Grossa: Universidad Estadual de Ponta Grossa. 6 (2) Invierno p.120.

Smith, Bonnie. 1995. Gender and Practices of Scientific History: The Seminarial and Archival Research in the Nineteenth Century. American Historical Review 100: 1153.

Staples, Anne. 1985. Educar: Panacea del México independiente. México, Secretaria de Educación Pública.

Staples, Anne; Verduzco, Gustavo; Blázquez, Carmen; Falcón, Romana. 1989. El dominio de las minorías. La república restaurada y el porfiriato. México DF: El Colegio de México.

Taracena Arriola, Arturo. 2008. Propuesta para definición histórica de región. *Estudios de* Historia Moderna y Contemporanea de México. México DF: Universidad Nacional Autónoma de México, Instituto de Investigaciones Históricas, *n.* 35. Enero-junio

Sitios web:

Biblioteca del Congreso de los Estados Unidos. 2008. Sección Luso-hispánica de mapas.
www.loc.gov/rr/geogmap/luso/mexico.html

Emerson, Kent. 2008. Map archive.
http://www.emersonkent.com/maps.htm

Citas en texto:

---

[i] Archivo Histórico Municipal de Jiménez. Caja 'Siglo XVIII', carpeta 1751 (AHMJ S XVII- C 1751).

[ii] Ídem.

[iii] AHMJ S XVIII-C 1752.

[iv] AHMJ S XVIII-C 1751.

[v] AHMJ S XVIII – C 1753.

[vi] "Padrón 1777" Archivo Histórico Municipal de Cd Jiménez. Caja S XVII, carpeta '1777', foja 16.

[vii] Idem, fojas 4-27.

[viii] Idem, foja 24.

[ix] Idem, fojas 16-20.

[x] Idem, fojas 7-8.

[xi] Idem, fojas 21-22.

[xii] AHMJ, Bulto 1826, carpeta 'varios,' documento suelto

[xiii] AHMJ, Bulto 1826, carpeta 'varios,' documento suelto

[xiv] AHMJ, Bulto 1841, carpeta 'Correspondencia con Hidalgo,' "Documento suelto."

[xv] AHMJ, Bulto 1841, carpeta 'Correspondencia con Hidalgo,' "Método para vacunar."

[xvi] AHMJ, Bulto 1841, carpeta 'Correspondencia con Hidalgo,' "Enero."

[xvii] AHMJ, Bulto 1841, carpeta 'Correspondencia con Hidalgo,' "Febrero."

[xviii] AHMJ, Bulto 1841, carpeta 'Correspondencia con Atotonilco,' "Mayo."

[xix] AHMJ, Bulto 1841, carpeta 'Correspondencia con Hidalgo,' "Mayo."

[xx] AHMJ, Bulto 1841, carpeta 'Correspondencia con Atotonilco,' "Abril."

[xxi] AHMJ, Bulto 1841, carpeta 'Correspondencia con Atotonilco,' "Octubre."

[xxii] AHMJ, Bulto 1841, carpeta 'Correspondencia con Atotonilco,'

"Noviembre."

[xxiii] AHMJ, Bulto 1841, carpeta 'Correspondencia con Dolores,' "Septiembre."

[xxiv] AHMJ, Bulto 1841, carpeta 'Correspondencia con Dolores,' "Octubre."

[xxv] AHMJ, Bulto 1842, carpeta 'Correspondencia con Atotonilco,' "Febrero."

[xxvi] AHMJ, Bulto 1842, carpeta 'Correspondencia con Atotonilco,' "Abril."

[xxvii] AHMJ, Bulto 1852, carpeta 'Correspondencia con Gobierno del Estado,' "Enero."

[xxviii] AHMJ, Bulto 1853, carpeta 'Correspondencia con Gobierno del Estado,' "febrero."

[xxix] AHMJ, Bulto 1854, carpeta 'Correspondencia Interna,' "Documento suelto."

[xxx] AHMJ, Bulto 1895, carpeta 'Vacunación,' "Documentos sueltos."

[xxxi] AHMJ, Bulto 1826, carpeta 'varios,' documento suelto.

[xxxii] AHMJ, Bulto 1826, carpeta 'correspondencia impresa, octubre,' documento suelto

[xxxiii] AHMJ, Bulto 1857, carpeta 'Correspondencia Interna,' "Documento suelto."

[xxxiv] AHMJ, Bulto 1896, carpeta 'Actas de cabildo,' "Documento suelto."

[xxxv] AHMJ, Bulto 1837, carpeta 'bando de buen gobierno'.

[xxxvi] AHMJ, Bulto 1892, carpeta 'prevenciones higiénicas'.

[xxxvii] AHMJ, Bulto 1826, carpeta 'varios,' documento suelto

[xxxviii] AHMJ, Bulto 1826, carpeta 'varios,' documento suelto

[xxxix] AHMJ, Bulto 1826, carpeta 'varios,' circular 17.

[xl] AHMJ, Bulto 1826, carpeta 'varios,' documento suelto

[xli] AHMJ, Bulto 1826, carpeta 'varios,' documento suelto

[xlii] AHMJ, Bulto 1827, carpeta 'correspondencia,' documento suelto

[xliii] AHMJ, Bulto 1827, carpeta 'documentos sueltos,' documento suelto

[xliv] AHMJ, Bulto 1827, carpeta 'documentos sueltos,' documento suelto

[xlv] AHMJ, Bulto 1828, carpeta 'correspondencia,' documento suelto

[xlvi] AHMJ, Bulto 1828, carpeta 'documentos sueltos,' circular 20

[xlvii] AHMJ, Bulto 1846, carpeta 'diversas autoridades,' documento suelto

[xlviii] AHMJ, Bulto 1849, carpeta 'varios,' documento suelto

[xlix] AHMJ, Bulto 1846, carpeta 'padrón,' Atotonilco

[l] AHMJ, Bulto 1846, carpeta 'padrón guardia nacional,' Atotonilco

[li] AHMJ, Bulto 1857, Correspondencia con Atotonilco, documento suelto.

[lii] AHMJ, Bulto 1867, carpeta 'establecimiento primario'

[liii] AHMJ, Caja 1884, carpeta 'educación'

[liv] AHMJ, Caja 1895, carpeta 'educación'

[lv] AHMJ, Caja 1895, carpeta 'educación'

[lvi] AHMJ, Caja 1895, carpeta 'educación'

[lvii] AHMJ, Sección: Archivo colonial, carpeta 'bando de la llegada de Hidalgo a Chihuahua para su ejecución'

[lviii] AHMJ, Sección: Archivo colonial, carpeta 'bando de la llegada de Hidalgo a Chihuahua para su ejecución'.

[lix] AHMJ, Sección: Archivo colonial, carpeta 'decreto contra los

insurgentes'.

[lx] AHMJ, Bulto 1830, carpeta 'correspondencia con gobierno del estado,' documento suelto.

[lxi] AHMJ, Bulto 1834, carpeta 'correspondencia con gobierno del estado,' documento suelto.

[lxii] AHMJ, Bulto 1834, carpeta 'correspondencia con Allende,' documento suelto.

[lxiii] AHMJ, Bulto 1847, carpeta 'correspondencia interna,' documento suelto.

[lxiv] AHMJ, Bulto 1852, carpeta 'correspondencia supremo gobierno,' documento suelto.

[lxv] AHMJ, Bulto 1849, carpeta 'indios fingidos".

[lxvi] AHMJ, Bulto 1849, carpeta 'indios fingidos".

[lxvii] AHMJ, Bulto 1849, carpeta 'indios fingidos".

[lxviii] AHMJ, Bulto 1849, carpeta 'indios fingidos".

[lxix] AHMJ, Bulto 1849, carpeta 'indios fingidos".

[lxx] AHMJ, Bulto 1849, carpeta 'indios fingidos".

[lxxi] AHMJ, Bulto 1849, carpeta 'indios fingidos".

[lxxii] AHMJ, Bulto 1841, carpeta 'correspondencia con Hidalgo,' mayo 21.

[lxxiii] AHMJ, Bulto 1849, carpeta 'correspondencia interna,' documento suelto.

[lxxiv] AHMJ, Bulto 1862, carpeta 'correspondencia interna,' parte que Juan N Armendáriz rinde a esta presidencia.

[lxxv] AHMJ, Bulto 1862, carpeta 'correspondencia interna,' parte que Juan N Armendáriz rinde a esta presidencia.

[lxxvi] AHMJ, Bulto 1862, carpeta 'correspondencia interna,' parte que

Juan N Armendáriz rinde a esta presidencia.

[lxxviilxxvii] AHMJ, Bulto 1862, carpeta 'correspondencia interna,' parte que Juan N Armendáriz rinde a esta presidencia.

[lxxviii] AHMJ, Bulto 1862, carpeta 'correspondencia interna,' parte que Juan N Armendáriz rinde a esta presidencia.

[lxxix] AHMJ, Bulto 1852, carpeta 'correspondencia supremo gobierno,' documento suelto.

[lxxx] AHMJ, Bulto 1853, carpeta 'correspondencia supremo gobierno,' circular 47-julio.

[lxxxi] AHMJ, Bulto 1836, carpeta 'correspondencia con gobierno del estado,' documentos sueltos.

[lxxxii] AHMJ, Bulto 1841, carpeta 'correspondencia con Hidalgo,' octubre 13.

[lxxxiii] AHMJ, Bulto 1844, carpeta 'correspondencia con Sta. Rosalía,' Septiembre 30.

[lxxxiv] AHMJ, Bulto 1844, carpeta 'correspondencia con Sta. Rosalía,' Octubre 16.

[lxxxv] AHMJ, Bulto 1846, carpeta 'correspondencia interna,' Junio 28.

[lxxxvi] AHMJ, Bulto 1846, carpeta 'correspondencia con gobierno del estado,' octubre 8.

[lxxxvii] AHMJ, Bulto 1846, carpeta 'correspondencia con Hidalgo,' octubre 12.

[lxxxviii] AHMJ, Bulto 1846, documento suelto.

[lxxxix] AHMJ, Bulto 1846, carpeta 'correspondencia con gobierno del estado,' diciembre 23.

[xc] AHMJ, Bulto 1847, carpeta 'correspondencia con Sta. Rosalía,' marzo 2.

[xci] AHMJ, Bulto 1847, carpeta 'correspondencia con Hidalgo,' febrero 25.
[xcii] AHMJ, Bulto 1847, carpeta 'correspondencia con Sta. Rosalía,' abril 30.
[xciii] AHMJ, Bulto 1847, carpeta 'correspondencia interna,' abril 30.
[xciv] AHMJ, Bulto 1848, carpeta 'correspondencia Sta. Rosalía,' nota 43.
[xcv] AHMJ, Bulto 1848, carpeta 'correspondencia Atotonilco,' marzo 14.
[xcvi] AHMJ, Bulto 1848, carpeta 'correspondencia Supremo gobierno,' marzo.
[xcvii] AHMJ, Bulto 1848, carpeta 'correspondencia Supremo gobierno,' documento suelto.
[xcviii] AHMJ, Bulto 1857, carpeta 'diversas autoridades,' decreto de apego a la constitución.
[xcix] AHMJ, Bulto 1858, carpeta 'diversas autoridades y particulares,' documentos sueltos.
[c] AHMJ, Bulto 1858, carpeta 'correspondencia Supremo Gobierno,' mayo.
[ci] AHMJ, Bulto 1858, carpeta 'correspondencia Supremo Gobierno,' documento suelto.
[cii] AHMJ, Bulto 1858, carpeta 'correspondencia Hidalgo,' documentos sueltos.
[ciii] AHMJ, Bulto 1858, carpeta 'correspondencia interna,' documento suelto.
[civ] AHMJ, Bulto 1860, carpeta 'incendio archivo de villa López y tulices,' documento suelto.

[cv] AHMJ, Bulto 1907, carpeta 'acción de guerra 1860'.

[cvi] AHMJ, Bulto 1860, carpeta 'incendio Villa López"

[cvii] AHMJ, actas de cabildo, 1862; mayo

[cviii] AHMJ, Bulto 1864, carpeta 'diversas autoridades,' documento suelto.

[cix] AHMJ, Bulto 1864, carpeta 'Correspondencia con gobierno del estado,' agosto.

[cx] AHMJ, Bulto 1864, carpeta 'Correspondencia con gobierno del estado,' agosto.

[cxi] AHMJ, Bulto 1864, carpeta 'diversas autoridades,' documentos sueltos.

[cxii] AHMJ, Bulto 1864, carpeta 'diversas autoridades,' septiembre.

[cxiii] AHMJ, Sección: Archivo colonial, carpeta 'sobre posesiones del valle del santo Cristo 1814-1825' fojas 1-3

[cxiv] AHMJ, Sección: Archivo colonial, carpeta 'sobre posesiones del valle del santo Cristo 1814-1825' fojas 19-20

[cxv] AHMJ, 1855-1881 Actas de Intendencia; fojas 7-10.

[cxvi] AHMJ, 1857, carpeta "compradores de solares de la muralla", foja 1.

[cxvii] AHMJ, 1857, carpeta "compradores de solares de la muralla", foja 2.

[cxviii] AHMJ, 1890, carpeta "planos de predios de marcos Russek".

[cxix] AHMJ, Bulto 1826-1821.

[cxx] AHMJ, Sección: Archivo colonial, carpeta 'sobre posesiones del valle del santo Cristo 1814-1825' documento suelto.

[cxxi] AHMJ, 1841, Documento suelto.

[cxxii] AHMJ, 1884, carpeta: Correspondencia juzgados; legajo 1:

Información sumaria contra Luis Estavillo por despojo de agua. Fojas 1-11.

[cxxiii] AHMJ, Bulto 1837, carpeta "correspondencia interna".
Documento suelto

[cxxiv] AHMJ, 1849. Carpeta "bando de policía y buen gobierno". Foja 1-2.

[cxxv] AHMJ, 1849. Carpeta "bando de policía y buen gobierno". Foja 3-5.

[cxxvi] AHMJ, 1849. Carpeta "bando de policía y buen gobierno". Foja 6-9.

[cxxvii] AHMJ, 1864, Carpeta "1855-81 Actas de intendencia". fojas 40-44.

[cxxviii] AHMJ, Sección: Archivo colonial, carpeta 'sobre posesiones del valle del santo Cristo 1814-1825' fojas 8-9

[cxxix] AHMJ, 1823, bulto "correspondencia interna", documentos sueltos.

[cxxx] AHMJ, 1850, "Correspondencia Juez de paz". Documentos sueltos.

[cxxxi] AHMJ, 1850, "Correspondencia Juez de paz". Documentos sueltos.

[cxxxiicxxxii] AHMJ, 1895, "Juzgado de la Villa de Jiménez". Documentos sueltos.

[cxxxiii] AHMJ, 1892, "Juzgado de la Villa de Jiménez". Documentos sueltos.

[cxxxiv] AHMJ, 1895, "Actas". Documentos sueltos.

[cxxxv] AHMJ, Bulto 1826, carpeta 'varios,' documento suelto.

[cxxxvi] AHMJ, Bulto 1827, carpeta 'correspondencia con gobierno del

estado,' documento suelto.

[cxxxvii] AHMJ, Bulto 1828, carpeta 'correspondencia con gobierno del estado,' circular numero 5

[cxxxviii] AHMJ. Bulto 1867, carpeta 'correspondencia interna'. Ingresos y egresos fiestas patronales

[cxxxix] AHMJ, Bulto 1840, carpeta 'correspondencia con la Ramada,' documento suelto.

[cxl] AHMJ. Bulto 1841, carpeta 'Padrón'.

[cxli] AHMJ, Bulto 1840, carpeta 'instancias para promover apertura de casa de sociedad,' fojas 1-3.

[cxlii] AHMJ. Bulto 1873, carpeta 'correspondencia interna'. Documento suelto

[cxliii] AHMJ. Bulto 1853, carpeta 'correspondencia con el supremo gobierno'. Documento suelto

[cxliv] AHMJ. Bulto 1853, carpeta 'correspondencia con el supremo gobierno'. Documento suelto

[cxlv] AHMJ. Bulto 1857, carpeta 'correspondencia con Allende'. Documento suelto

[cxlvi] AHMJ. Bulto 1858, carpeta 'correspondencia con el supremo gobierno'. Documento suelto

[cxlvii] AHMJ. Bulto 1864, carpeta 'correspondencia interna'. Documento suelto

[cxlviii] AHMJ. Bulto 1880, carpeta 'correspondencia interna'. Documento suelto

[cxlix] AHMJ. Bulto 1862, carpeta 'correspondencia interna'. Ingresos y egresos fiestas patronales

[cl] AHMJ, 1892, Caja 1. Acta 11.

[cli] AHMJ, 1892, Caja 1. Acta 41.
[clii] AHMJ, 1892, Caja3. Acta 603.
[cliii] AHMJ, 1893, Actas de cabildo. Acta 18
[cliv] AHMJ, 1898, carpeta "Decreto de Villa a Ciudad".
[clv] AHMJ, 1898, carpeta "Decreto de Villa a Ciudad".
[clvi] AHMJ, 1899, Carpeta "Datos geográficos".

www.ingramcontent.com/pod-product-compliance
Lightning Source LLC
LaVergne TN
LVHW041613070426
835507LV00008B/208